Meine Hexenrituale

Maggie Böhmer

Meine Hexenrituale

Das Praxisbuch

HEYNE
LUDWIG

Inhalt

Vorwort 7

Wer ich bin 7
Das Hexenhandwerk 7
Was will dieses Buch? 8
Hexengedicht 9

Die Wurzeln des Hexentums 11

Was ist eine Hexe? 11
Feindbild – Kirche und Patriarchat 12
Bedeutende Vertreterinnen 13
Identifikation mit den Vertreterinnen 15

Hexenwesen und -wissen heute 17

Die Stellung der Hexe 17
Worauf sich moderne Hexen gründen 17
Gute Hexen – böse Hexen 18

Die Kraft der Magie 21

Ursprünge und Definition der Magie 21
Magie – Theorie und Methode 21

Magische Fähigkeiten in der Praxis 22
Magie im Spiegel des Ritus 23
Mögliche Gefahren bei der magischen Arbeit 24

Die Kunst der Rituale 27

Was sind Rituale? 27
Wozu magische Rituale? 27
Der Ablauf eines Rituals 28
Die Ritualwirkung 31
Der Erfolg eines Rituals 31

Die magische Praxis 33

Grundausstattung einer angehenden Hexe 33
Der Ritualplatz 36
Ritualgegenstände 38
Die vier Elemente in der Magie 40
Luft – Räucherungen, Kräuter 41

Feuer – Kerzen 43
Wasser – magische Öle 44
Erde – Wurzeln 45
Amulette 45
Der astromagische Zeitpunkt 46
Wie wirkt der Mond auf die Hexenarbeit? 47
Der Mond in den zwölf Zeichen 49

Grundlegende Rituale 55

Vorbereitung auf die magische Arbeit 55
Meditation – wozu und wie? 56
Visualisieren 58
Kleidung 60

Der magische Kreis 61
Die Anrufung der Wächter der Elemente 62
Weiheritual 63
Schutzmaßnahmen – wozu überhaupt? 64
Das Pentagramm 66
Wie wirkt ein Zauberspruch? 67
Die Kunst der Wunschformulierung 68
Opfergaben 69

Traditionelle Hexenfeste 71

Acht Hauptfeste 71
Jahreskreisfeste 72

Spezielle Rituale 79

Liebe und Anziehung 79
Reinigungs-, Entscheidungs- und Klarheitsrituale 89
Verschiedene Rituale 94
Heilrituale 97
Schutzrituale 99
Bann- und Schadenzauber 101
Geld- und Erfolgsrituale 110
Kreieren Sie Ihr eigenes Ritual 116

Rituale – Fragen und Antworten 119

Glossar 127
Anhang 138
Literaturhinweise 138
Nützliche Internetlinks 139
Bezugsquelle 139
Register 140
Über dieses Buch/Impressum 142

Vorwort

Wer ich bin

Ich heiße Margit Ruth Böhmer, bin verheiratet, Mutter zweier wunderbarer Söhne – und eine Hexe. Ein Widerspruch? Nein, keinesfalls, denn wenn Sie meinen persönlichen Werdegang näher betrachten, werden Sie feststellen, dass alles (folge-)richtig ist. Ich hatte das Glück, dass sich zum Zeitpunkt meiner Geburt die Sterne am Firmament in einer besonderen, magisch-kraftvollen Stellung befanden. Diese Gabe zu erkennen und zu nutzen, war mir von Anfang an bestimmt.

Meine magischen Fähigkeiten

Mein erstes bewusstes magisches Erlebnis hatte ich als Neunjährige. Ein Nachbar und Freund der Familie, der ambitionierter Rutengänger war, drückte mir eines Tages seine Wünschelrute in die Hand, worauf diese so heftig ausschlug, dass es ihm einen Knopf seiner Weste abriss. Zwar wusste ich damals noch nicht, was dies zu bedeuten hatte, jedoch spürte ich genau, dass es etwas Besonderes sein musste.
Während Spaziergängen im Wald oder beim Aufenthalt in bestimmten Räumen konnte ich die Präsenz von Wesenheiten fühlen, die anderen verborgen blieben. Kaum verwunderlich, dass ich bald im Ruf stand, eine träumerische Einzelgängerin zu sein, die in ihrer eigenen Fantasiewelt lebt. Natürlich konnten nur diejenigen mich richtig verstehen, die mit mir auf einer Wellenlänge waren. Seither begleitet mich diese magische Energie auf meinem Lebensweg. Während zahlreicher Reisen, die mich in die exotischsten Länder der Erde führten, boten sich mir nahezu einmalige Gelegenheiten, spirituell außergewöhnliche Menschen kennen zu lernen. Durch diese Begegnungen konnte ich meine Kräfte schulen und immer weiter verfeinern, bis ich mich dazu entschloss, mein Hobby zum Beruf zu machen. Das war im Sommer 1995, in dem ich mein Hexengeschäft in Passau eröffnete. Seit dieser Zeit ist die Magie ein fester Bestandteil meines Lebens.
Damit erübrigt sich die Frage, ob ich Magie auch selbst praktiziere; ich lebe sie jeden Tag meines Lebens. Für mich ist der Hexenweg eine Lebenseinstellung. Ich finde ihn spannend, da mich dieser Weg stets mit neuen Herausforderungen und Chancen beschenkt und mich lehrt, das Wunder des Daseins mit allen Höhen und Tiefen auszukosten. Aus diesem Grund danke ich der großen Göttin und meiner Mutter dafür, geboren worden zu sein.

Das Hexenhandwerk

Zum Hexenhandwerk gehört einerseits das Wissen über Astrologie, magische Kräuter, die Kunst der Traumdeutung und der Zukunftsschau, andererseits das Anfertigen von zeremoniellen Gegenständen sowie das Durchführen von Ritualen. Mit all diesen Fertigkeiten ist man in der Lage, Rat und Hilfe suchende

Menschen entsprechend zu unterstützen. Ich rühre, mische, entwerfe und berate in meinem Hexenatelier. Es macht mir Spaß, magische Öle und Zauberbäder zu kreieren. Ich entwickle spezielle Rituale, mische selbst das Räucherwerk und liebe es, für meine Kunden den Blick in die Zukunft zu werfen. Dazu lege ich Karten, deute Handlinien, entdecke Talente und Lösungen durch Einsicht in das Horoskop. Durch den täglichen Umgang mit der magischen Materie und den Kontakt zu interessanten Menschen lerne ich jeden Tag dazu – und so erweitert sich mein Erfahrungsschatz ständig. Im Sommer reise ich als fliegende Händlerin auf Mittelaltermärkte und biete dort meine magischen Waren und Erzeugnisse feil. Mein Beruf ist meine Berufung, meine Leidenschaft – und ich stehe mit Leib und Seele dahinter!

Wer wendet sich an mich?

Zu mir finden Menschen, die in ihrem Leben etwas verändern möchten und den Rat einer Hexe suchen. Gemeinsam können Problemlösungen gefunden werden. Dazu nutze ich meine Intuition genauso wie die Symbolsprache der Karten, die den notwendigen Impuls geben, der zur Lebenswende führen kann. Damit biete ich ihnen die Gelegenheit, ihr Leben magisch aktiv in die gewünschte Richtung zu lenken.

Was will dieses Buch?

Mit diesem Buch möchte ich speziell Frauen dazu motivieren, verborgene Seiten an sich zu entdecken und die »wilde Frau« in sich zu erwecken. Diese wilde Frau ist voll Lebenslust und Energie, weiß, was sie will, und hat auch genügend Kraft und Ausdauer, um ihre Ziele zu erreichen. Sie geht konsequent ihren Weg und wächst an Hindernissen, die sie beherzt anpackt und überwindet. Sie ist eine starke Frau, folgt ihrem Traum und liebt alles am Leben; dadurch wird sie von anderen bewundert, geliebt und unterstützt. Sie glauben mir nicht? Lesen Sie dieses Buch – horchen Sie tief in sich hinein und sprengen Sie Ihre Ketten!

Dieses Buch vermittelt einen Einblick in die wunderbare Welt der Hexen und deren magische Kräfte. Dazu erzähle ich Ihnen von der Geschichte des Hexenwesens von Anbeginn bis in die heutige Zeit und eröffne Ihnen das Tor zu den weiblichen Mysterien.

Ich veranschauliche Ihnen die wunderbare Kraft der Magie, und über die Kunst der Rituale führe ich Sie in die Praxis ein. Hierbei erfahren Sie grundlegendes praktisches Wissen, angefangen von der Altargestaltung, der Kraft der vier Elemente und die Wahl des magisch richtigen Zeitpunkts für Rituale. Darüber hinaus Techniken der Meditation, der Visualisierung und nicht zuletzt die wichtigsten Schutzmaßnahmen und die Bedeutung der konkreten Wunschformulierung.

Außerdem beschreibe ich die traditionellen Hauptfeste der Hexen und deren Hintergründen samt Ritualvorschlägen. Den Schwerpunkt dieses Buches bildet der spezielle Ritualteil, bei dem Sie von Liebes- und Gesundheits- über Schutz-, Erfolgs- bis hin zu Bannritualen alles abgedeckt finden. Diese Rituale habe ich für Sie detailliert und gut nachvollziehbar dargestellt. Da ich auch in meiner magischen Praxis immer wieder mit verschiedenen Fragen oder Problemen zur rituellen Arbeit konfrontiert werde, bin ich auf die wichtigsten Fragen eingegangen, um Ihnen damit eine Hilfestellung geben zu können.

Lassen Sie sich motivieren!

Ich möchte Sie mit diesem Buch inspirieren, Ihr Leben in die eigene Hand zu nehmen und erfüllter zu (er)leben. Entdecken Sie den verborgenen Schatz in sich und zeigen Sie der Außenwelt Ihre innere Schönheit und Stärke. Auf diese Weise erhalten Sie mehr Beachtung, Selbstsicherheit, Liebe und schließlich Erfolg. Ihr Leben wird sich zu dem wandeln, was Sie sich schon immer erhofft, erwünscht oder erträumt haben.
Treten Sie ein in eine neue, geheimnisvolle Welt. Eine Welt der Mystik und der Wunder, die Ihnen auf dem Hexenweg jeden Tag begegnen können.

Entdecken Sie die Hexe in sich!

Durch die Kraft der Magie überwinden Sie leichter oder schneller die vielen möglichen inneren oder äußeren Blockaden, die Sie daran hindern, offen für Neues zu sein und das Leben in vollen Zügen genießen zu können. Wir haben vergessen, dass es in erster Linie uns selbst gut gehen muss, bevor wir für andere sorgen können. Nur so finden wir die notwendige Kraft, anderen Gutes zu tun. Wichtig ist zu erkennen, dass wir alle seelenverwandt sind, egal, ob verheiratet oder Single, dünn oder dick, mit oder ohne Kinder. Schlummert nicht in jeder von uns eine verborgene Hexe, die geweckt werden möchte? Wecken Sie die Hexe in sich! Ihr Leben ist ein ein Geschenk des Göttlichen – machen Sie das Beste daraus!

Hexengedicht

Hier noch ein kleines Hexengedicht einer ganz besonderen Frau, die dieses Thema mit wenigen Sätzen auf den Punkt gebracht hat.

Was ist schlimm daran, sich eine Hexe
zu nennen?
Soll ich mich etwa dafür schämen?
Was ist schlimm daran, sich zu geheimen Ritualen
zu treffen?
Darf man seinem Glück nicht ein wenig auf die
Sprünge helfen?
Was ist schlimm daran, Kerzen abzubrennen?
Ist es verboten, seine Wünsche zu nennen?
Was ist schlimm daran, wenn man betet
und singt,
wenn es einem so viel Freude bringt?
Was ist schlimm daran, mit Kräutern und Ölen
zu verzaubern?
Das Einzige, das schlimm ist,
ist dein Zaudern!!!
Hast du Angst, leb weiter wie zuvor.
Hexen sind Frauen mit Power und Humor!
Wenn du dein Schicksal ändern willst, musst du
bereit sein, etwas zu riskieren!
Hab Vertrauen in der großen Göttin Macht,
und viel Wunderbares wird passieren!

Anne E. (Österreich)

Die Wurzeln des Hexentums

Was ist eine Hexe?

Hierzulande gilt der Begriff »Hexe« zumeist als Schimpfwort. Wer sich jedoch einmal den Ursprung dieses Wortes vor Augen führt, erblickt die Hexe in einem völlig anderen Licht!

Nicht nur von dieser Welt

Das Wort »Hexe« leitet sich wohl vom althochdeutschen Begriff »Hag« = Hecke oder Zaun ab. Ein Zaun oder eine Hecke trennt immer zwei Bereiche und steht somit symbolisch für die »Dieswelt« und die »Anderswelt«. Entsprechend ist die Bedeutung von Hagazussa – Zaunreiterin. Eine Zaunreiterin = Hexe galt daher als Vermittlerin zwischen den Welten und verfügte auch über die Fähigkeit, sich in beiden zu bewegen, da sie, auf dem Zaun reitend, zu beiden Seiten gleichzeitig Zugang hatte.
Auch eine Abstammung vom Wort »hek« = sechs ist möglich, also eine Bezeichnung für jemanden, der den sechsten Sinn hat.
Zudem ist hek in dem Wort Hekate (Schicksalsgöttin und Göttin der Zauberkunst in der griechischen Mythologie) enthalten.
Die Göttin Hekate symbolisiert den dritten Aspekt der dreifachen Göttin (Jungfrau – Mutter – Alte): die »weise Alte«.

Mond und Frauen

Da Frauen der Vorzeit nicht jagten, sondern in Gruppen die Kinder und das Feuer hüteten, verfügten sie über die notwendige Zeit, um sämtliche Geschehnisse rund um sich und am Firmament genau beobachten zu können. Sie fühlten eine bestimmte Kraft, die ihren monatlichen Zyklus und somit die Fruchtbarkeit beeinflusste.
So erkannten sie nach und nach den Zusammenhang zwischen dem Einfluss des Mondes auf die Natur, den Menschen und die Gezeiten.

Die »große Mutter«

Manche der Frauen spürten diese Mondenergie sogar als höhere Macht, der sie bald sämtliche weiblichen Eigenschaften zusprachen, da sie augenscheinlich und spürbar neben der Leben spendenden Kraft der Sonne in regelmäßigen Abständen »schwanger wurde« (zunehmender und abnehmender Mond) und ebenfalls für Fruchtbarkeit und Wachstum sorgte.
So wurde sie schließlich personifiziert als »große Mutter«. Und die Frauen begannen, dieser Mondenergie zu huldigen, indem sie ihr Gaben und kleine Geschenke darbrachten, um die Göttin freundlich zu stimmen, damit sie weiterhin für Schutz und gesunde Kinder sorgte.

Die weiblichen Mysterien

Mit der Zeit gewannen die Frauen durch ihren täglichen Umgang mit der Natur ein unglaubliches Wissen über die verborgenen Heilkräfte der Pflanzen- und Tierwelt und darüber, wie z. B. bestimmte Mondphasen Entwicklungen begünstigen oder verzögern.
Einige wagten den Blick in verborgene Welten und entwickelten schließlich die Fähigkeit, mit der Natur zu sprechen. Durch das Flüstern des Windes Botschaften verstehen, durch das Rauschen des Meeres intuitiv Veränderungen fühlen, durch das Rascheln der Blätter den Weg erkennen, den Leib der Göttin atmen hören und im Feuerfunkenflug die Zukunft deuten. Die weiblichen Mysterien waren erschaffen!

Was Hexen ausmacht

Zu allen Zeiten gab es Frauen, die durch besondere Eigenschaften hervorstachen. Frauen, die mutig, selbstsicher, eigensinnig und stark genug waren, um für ihre Ziele und Visionen einzustehen. Wilde Frauen, ungezähmt, gefährlich, energisch und schön, die sich keinem Mann unterwarfen, sondern ganz im Gegenteil, denen sich Männer unterwarfen. Magische Frauen, geheimnisvoll, intuitiv, mystisch, zauberhaft, die verborgene Welten wahrnehmen konnten. Bemerkenswerte Frauen, schöpferisch, begeisternd, inspirierend und selbstbewusst, die ihre inneren Bilder kunstfertig nach außen zu tragen vermochten. Verführerische Frauen, charmant, faszinierend, begehrenswert, mit einem erotischen Charisma ausgestattet, das Männer in ihren Bann schlagen konnte. Mütterliche Frauen, die kinderlieb, versorgend, heilend und wärmend Geborgenheit und Schutz vermittelten. Weise Frauen, gefestigt, erfahren und bewundernswert durch ihr tiefes Wissen.
Hexen waren und sind Frauen, die ganz bewusst an ihren individuellen Fähigkeiten und ihrem Charisma arbeiten. Kraft dieser Stärke waren sie bewundert und auch gefürchtet. Nichtsdestotrotz oder gerade deshalb wurden sie heimlich aufgesucht und um Rat gefragt, da sie das zweite Gesicht besaßen. Sie waren machtvoll durch das Wissen über die Sterne und deren Einfluss. Wussten um die magische Kraft der Pflanzen, rührten Liebestränke und brauten das Elixier des Vergessens. Sie konnten willentlich Zustände verändern, hatten einen direkten Draht zur Göttin und den »Gehörnten« zum Freund. Diese magischen Frauen hat es schon immer und in jeder Kultur gegeben – und es wird sie auch immer geben. Es ist die wilde Frau in uns, die manchmal tief verborgen, aber immer da ist. Sie will geweckt werden, möchte Kontakt zu Waldgeistern, Nymphen, Kobolden und fürchtet weder Tod noch Teufel.

Feindbild – Kirche und Patriarchat

Ein besonders düsteres Kapitel des ausgehenden Mittelalters der mitteleuropäischen Geschichte stellt die jahrhundertelange Verfolgung von »Hexen« durch kirchliche und weltliche Instanzen dar. Besonders negativ hervorgetan hat sich dabei ein einzelner Mann, der Dominikanermönch Heinrich Kramer, der den gefürchteten *Hexenhammer* proklamierte. Eines der unheilvollsten Werke, in dem sämtliche Vorurteile gegenüber Frauen gesammelt

und als angeblich wissenschaftlich erwiesen niedergeschrieben wurden.
Frauen, so der fanatische und alles Weibliche hassende Mönch, seien von Natur aus minderwertige Wesen, charakterschwach und deshalb sehr anfällig für eine Buhlschaft mit dem Teufel. So schürte er die Verfolgung und gnadenlose Vernichtung von Frauen, die er in seinen perversen Fantasien und Ansichten als Inbegriff der Verführung, Verbündete des Teufels und als Hexen ansah.

Das Zeitalter der Hexenverfolgungen

Leider stieß er mit seinen krankhaften Behauptungen bei Papst Innozenz VIII. auf fruchtbaren Boden und trat damit eine verheerende Lawine des Verrats, der Folter und des systematischen Mordens los. Immer unter dem Deckmantel der vermeintlich kirchlichen Wahrheit, die in den »Hexen« und überhaupt in allem Weiblichen eine massive Bedrohung für kirchliche Werte sah.
Durch das klerikal auferlegte Zölibat wurden sexuelle Perversionen der Kirchenmänner massiv geschürt. Damit wurde letztlich nur ein einziges Ziel erreicht: Sie projizierten ihre unterdrückte Sexualität auf grauenhafte Weise auf die bezichtigte Hexe. Dadurch schufen sie ein Klima des Misstrauens, der Angst, des Hasses und des Todes.
Nach neueren wissenschaftlichen Forschungen belaufen sich die Opferzahlen der Verfolgungen auf rund 60 000 Menschen, davon 80 % Frauen. Trotz des Vernichtungskreuzzugs gegen das Weibliche gab es immer wieder Vertreterinnen, die das alte Wissen hochhielten und in der Geschichte besonders hervorstachen.

Bedeutende Vertreterinnen

Hl. Walpurga

Äbtissin und Heilerin, leitete im Mittelalter ein Männer- und Frauenkloster
Walpurga (um 710–779) hatte einen starken Bezug zum normalen Volk und war sehr beliebt, da sie angeblich Wunder wirken konnte. Sie war eine der bedeutendsten Frauen in dieser düsteren Epoche, und eine der großen Hexenfeiernächte wurde nach ihr benannt, nämlich die Walpurgisnacht vom 30. April auf den 1. Mai.

Hildegard von Bingen

Äbtissin, Volksheilige und Kräuterfrau
Hildegard (1098–1179) führte die Volksmedizin und deren gebräuchliche Kräuter mit der griechisch-lateinischen Medizin zusammen. Sie schuf einige impulsgebende Werke über den Zusammenhang von Krankheiten und Pflanzen, war hochinspiriert, hatte Visionen und setzte dadurch neue Akzente. Hildegard gab zu ihrer Zeit viele Denkanstöße, die die damaligen kirchlichen Auffassungen reformierten.

Jeanne d'Arc

»Jungfrau von Orléans«, Visionärin und Kriegerin, französische Nationalheldin
Jeanne (um 1410–1431), Tochter wohlhabender Landleute, wurde für ihre Erscheinungen und den göttlichen Auftrag, Frankreich im Hundertjährigen Krieg von den Engländern zu befreien, 1431 in Rouen als Hexe auf dem Scheiterhaufen verbrannt.

Dion Fortune

Magierin, Priesterin der weiblichen Gottheit, Träumerin und Medium
1890 in Wales geboren, stellt Dion Fortune eine der Vorreiterinnen der heutigen Hexen dar. Sie war Mitglied in verschiedenen Orden, wie Alpha et Omega und der theosophischen Gesellschaft, sowie Gründerin der Bruderschaft des inneren Lichts. Dion verfasste zahlreiche Schriften, u. a. Bücher wie z. B. *Seepriesterin* und *Mondmagie*.

Helena Blavatsky

Okkultistin, Mystikerin, deutsch-russische Schriftstellerin und eigentliche Gründerin der modernen theosophischen Gesellschaft
Helena Blavatsky verfolgte das Ziel, die Spiritualität und Intuition im Menschen zu wecken, und war eine der bedeutendsten Frauen des 19. Jahrhunderts. Weltweiten Bekanntheitsgrad erlangte sie durch ihre großen Werke *Isis entschleiert* und *Geheimlehre*.

Madame Lenormand

Eine der bekanntesten Wahrsagerinnen, die im Paris des 19. Jahrhunderts tätig war
Madame Lenormand entwickelte eigene Wahrsagekarten, die bis in die heutige Zeit in Gebrauch sind. Dazu verfasste sie zahlreiche Bücher über deren Handhabung. Die französische Kaiserin und der russische Zar Alexander I. zogen sie zurate.

Maria Holl

Geb. 1549, war in Nördlingen als Gastwirtin der »Goldenen Krone« sehr erfolgreich
Aus diesem Grund wurde Maria Holl von neidischen Nachbarn der Hexerei angeklagt. Sie wurde insgesamt 56-mal gefoltert und überstand trotzdem jede Misshandlung, die ihr widerfahren ist. Durch ihr standhaftes Verhalten trotz unglaublicher Torturen bewirkte Maria Holl ein Umdenken bei der Obrigkeit und beim Volk, was den generellen Sinn der Hexenprozesse anbelangte. Auch viele Bürger setzten sich für sie ein. Daraufhin wurde die extrem willensstarke Frau 1594 von der Anklage freigesprochen und setzte den Hexenprozessen in Nördlingen somit ein Ende.

Päpstin Johanna

Ein Mädchen aus Mainz, das angeblich im 9. Jahrhundert oder um 1100 als Johannes Anglicus Papst war
Sie wuchs in der Obhut eines Klosters auf und erregte die Aufmerksamkeit der Obrigkeit durch ihr beeindruckendes Wissen. In Rom habe sie sich, laut verschiedener Quellen, als Mann verkleidet und den Heiligen Stuhl für etwa drei Jahre innegehabt. Angeblich wurde sie durch die Geburt eines Kindes während einer Prozession entlarvt. Diese bekannte Frauengestalt ist in kirchlichen Kreisen bis heute sehr umstritten.

Margret Alice Murray

Löste 1921 mit ihrem ersten Buch über den *Hexenkult in Europa* eine Welle des Neuheidentums aus

Sie inspirierte mit ihrem Werk einen der bekanntesten Mitbegründer des Wicca-Kults, Gerald Gardner, und prägte auf diese Weise auch das Bild des aktuellen Hexenglaubens. Murrays Bücher sind bis heute noch Standardwerke für Menschen, die sich tiefer und auch kritisch mit der Materie des Urhexenkults auseinander setzen möchten.

Agnes Bernauer

Geb. 1410 als Tochter eines Baders in Straubing bei München

Agnes Bernauer wurde wegen ihrer unstandesgemäßen Verbindung zu dem bayerischen Thronfolger Albrecht III., Sohn des Herzogs Ernst von Bayern-München, in dessen Abwesenheit der Hexerei angeklagt, verurteilt und 1435 in der Donau ertränkt. Auf diese hinterhältige Weise konnte die unstandesgemäße Geliebte und Ehefrau des Thronfolgers »rechtmäßig« ausgeschaltet werden.

Identifikation mit den Vertreterinnen

Was haben alle diese Frauen gemeinsam? Was verbindet sie mit uns?

In allen loderte das Feuer der Begeisterung, und sie schöpften aus einer tiefen Quelle des Urvertrauens in die Göttlichkeit. Sie hatten einen Traum, ein Wunschziel, das sie unbedingt erreichen wollten. Durch den festen Glauben an ihr Ziel fanden sie die Kraft in sich, ihrer Bestimmung zu folgen.

Ich bin davon überzeugt, dass das Hexentum ein freier Weg ist, den jede Frau nach eigenem Ermessen wählen und gestalten kann. Es stellt eine Alternative zu den etablierten monotheistischen und patriarchal geprägten Religionen dar. Dieser Naturkult ist unabhängig von gesellschaftlichem Stand und finanziellen Mitteln.

Liebe zum Leben

Das Hexentum ist weiblich ausgerichtet, nach weiblichen Bedürfnissen und Empfindungen! Weiblichkeit steht allem Leben voran (Leben spendend), das Männliche wird nicht über das Weibliche gestellt! Weiterhin berücksichtigt das Hexentum die Mondphasen und integriert diese in den Alltag (siehe auch Seite 46ff.). Es beinhaltet die vier Elemente Erde, Feuer, Luft

und Wasser und basiert auf einer spirituellen Lebenseinstellung zu Mensch und Natur. Der Weg des Hexentums ist geprägt von Liebe und Respekt allem Leben gegenüber und geht davon aus, dass die göttliche Kraft in uns Menschen und in der Seele der Natur wirkt.

Hexenwesen und -wissen heute

Die Stellung der Hexe

Hexen von heute sind magisch selbstbewusste Frauen. Es ist erfreulich, dass trotz aller Versuche von geistlichen und weltlichen Instanzen, die »gefährlichen Hexen« auszurotten, die alte Tradition sich seit dem Mittelalter bis in die moderne Zeit erhalten hat. Hexen leben heute noch. Es sind Frauen, die eine besondere Sehnsucht nach den magisch weiblichen Wurzeln in sich verspüren. Jene unter uns, die in diesem archaischen Kult und seiner Energie ihren ganz persönlichen Weg erkennen und gehen.
Schon immer gab es geschlechtsspezifische Gruppierungen, wie z. B. Bruderschaften bei den Männern, den Sufis oder Freimaurern. Bei Frauen ist dieses Phänomen der Ordensbildung nicht so populär. Gehen z. B. kleine Hexengruppen zu sehr an die Öffentlichkeit, werden diese oftmals von verschiedenen Seiten verbal angegriffen und lächerlich gemacht. Man wird dann gerne als Emanze, Lesbe oder »spinnertes Weib« abgestempelt.
Nichtsdestotrotz wächst die Anzahl der neuen, modernen Hexen stetig, sodass zu hoffen ist, dass der »alte Weg« wieder seinen Platz in der Gesellschaft findet. Diese neuen Hexen finden für sich in der alten Tradition, dem Hexenkult, eine sehr gut lebbare Alternative zu den zurzeit vorherrschenden patriarchalen Religionen und Strukturen.

Worauf sich moderne Hexen gründen

Da nur sehr vage schriftliche Überlieferungen des Hexentums vorhanden sind, bleibt für Spekulationen viel Raum. Jedoch werden immer wieder bei Grabungen alte Tempelreste eines weiblich geprägten Kults entdeckt. Dabei stieß man auf hochinteressantes Material, durch das ein wenig Licht in die rätselhafte Vergangenheit dieses Kults gebracht werden konnte. Es wurden u. a. kleine Püppchen aufgefunden, die verblüffende Ähnlichkeit mit den bekannten Voodoopuppen aufweisen.
Auf den Punkt gebracht, kann man sagen, dass Parallelen der weiblichen Mysterien in jeder Kultur der Erde zu finden sind. Der gemeinsame Nenner ist die Entwicklung der eigenen magischen Fähigkeiten und Talente sowie der Glaube an eine weibliche Kraft und Energie und dies im Einklang mit der Natur. Dieses uralte Wissen kehrt in unserem Jahrtausend immer stärker in unser Bewusstsein zurück, jedoch in einer zeitgemäßen Form.

Im Konvent oder »freifliegend«

Neben vielen neuen kleinen Gruppen existieren auch traditionelle Konvente (Hexenverbände/magische Zirkel), die in diesem oder bereits in vergangenen Jahrhunderten gegründet wurden. Dort herrschen eine strenge

Hierarchie und ein genau vorgegebener Ablauf der magischen Zeremonien.
Leider wird dabei von einigen Männern lediglich deren Sexualität ausgelebt – unter dem Deckmantel der Hexentradition. Man lese dazu nur einige (von Männern geschriebene) Bücher, die allesamt stets mit dem großen Ritus enden, welcher in der sexuellen Vereinigung von Hohepriester und Hohepriesterin gipfelt.
Zudem kristallisiert sich bei gemischten Konventen über kurz oder lang das Patriarchat wieder heraus (siehe Wicca, wo einer der Gründer ein Mann namens Gerald Gardner war). Ein anderer Gründer der beiden bekanntesten Wicca-Gruppen ist Alex Sanders, der sich in seinem Buch gar als *König der Hexen* bezeich-

net. Ich persönlich stehe diesen Konventen mit äußerst gemischten Gefühlen gegenüber. Die Alternative ist für mich eine dianische Gruppe, das bedeutet, eine rein weibliche Gruppe, bei der Männer nicht zugelassen sind.
Im Grunde ist es auch nicht notwendig, sich einer Gruppe anzuschließen, da es auch viele Einzelpersonen gibt, die ihren individuellen Weg zur alten Tradition gefunden haben. Diese allein arbeitenden Hexen, die sich keinem Zirkel und keiner Gruppe anschließen möchten, nennt man freifliegende Hexen.

Kurzum: Ganz egal, wie man sich entscheidet – letztlich geht es darum, das alte Wissen wieder zu spüren und die »wilde Frau« in sich zu befreien.

Gute Hexen – böse Hexen

In jedem von uns steckt etwas Gutes und etwas Böses, der Übergang ist fließend. Es liegt an uns zu bestimmen, welche Seite wir davon zeigen. Wenn mir jemand sagt, dass er/sie nur das Gute bezwecke und nie das Böse im Sinn habe, dann denke ich, dass der-/diejenige nicht wirklich ehrlich ist. Wir sind Menschen mit all unseren kleinen oder größeren Schwächen – und keine Heiligen. Und wer von uns hat nicht schon einmal große Lust verspürt, einer anderen Person, bei einer Meinungsverschiedenheit oder anderen persönlichen Differenzen, eine große Warze an die Nase zu wünschen?
Wenn eine Hexe Zauber wirkt und dabei anderen schaden will (Schadenzauber durch Manipulieren oder Verfluchen), muss sie auch bereit sein, die Verantwortung dafür zu übernehmen. Denn alles, was wir aussenden oder tun, fällt auf uns zurück – sei es nun das Gute oder das Böse. In diesem Sinne rate ich Ihnen, dass Sie sich stets auf das Positive konzentrieren, um Magie nur für sinnvolle Zwecke zu nutzen.

Das Hexentum

In der weiblich ausgerichteten Magie, dem Hexentum, wird bewusst eine Gleichachtung von Mann und Frau gelehrt. Der Mann wird in derselben Form wie die Frau geachtet, allerdings steht er nicht über der Frau. In diesem

Kult wird mit Düften, Kerzen, der Kraft der Elemente und anderen feinstofflichen Energien gearbeitet. Es werden keine Blutrituale mit Fremdblut praktiziert. So ist mir persönlich auch kein weiblicher Kult bekannt, der unschuldige Tiere oder gar Kinder opfert. Es sind auch praktisch keine Überlieferungen bekannt, in denen Frauen Blutopfer für ihre Rituale oder Weissagungen benötigen.
Frauen während der Menstruation oder in der Vollmondphase, in der Zeit der Blüte und Mutterschaft besitzen eine besonders starke magische Kraft. Sind Frauen in der dritten Phase, die der »weisen Alten«, wirkt die Göttin direkt durch sie, indem sie das Wissen und die Weisheit des Alters und der Reife schenkt.

Wer ist denn eigentlich der Teufel?

Als der Teufel geboren wurde, war er ein Gott. Er war der Sohn der Aurora, der Göttin der Morgenröte. Luzifer bedeutet Lichtträger und wurde ursprünglich als Symbol des Lichts, der Fruchtbarkeit und der Sexualität verehrt. Seine äußere Erscheinung zeigte ihn mit Hörnern, die die Nähe zum Ziegenbock oder Hirsch als Zeichen der Potenz darstellt. Durch das kirchliche Zölibat wurde die Freude an der Sexualität »verteufelt« und der Gehörnte als Teufel, Satan oder dämonischer Verführer dargestellt.

Der Satanismus

Der Begriff »Satanismus« umfasst viele geistige Strömungen. Er ist die Lehre des puren Egoismus. Es wird dabei der Gegenspieler Gottes, Satan, angebetet. Er gilt als Verführer, gefallener Engel und Fürst der Finsternis, als Verkörperung des Bösen schlechthin. Der Satanismus verschafft sich auf Kosten anderer einen Vorteil. Dem Satanisten ist es völlig egal, wenn jemand durch sein destruktives Handeln zu Schaden kommt. Auf den Punkt gebracht, bedeutet dies: Satanismus benutzt die Kraft der Magie absolut eigennützig und egoistisch.

Aleister Crowley, geboren 1875, einer der bekanntesten neuzeitlichen Begründer des Satanismus, bediente sich der Weiblichkeit für seine Rituale, verachtete aber die Frau an sich.
Bei schwarzmagischen Zeremonien werden oft Blutrituale durchgeführt, wobei stets Blut eines unbeteiligten Opfers benutzt wird (andere Menschen, Tiere etc.). Nur selten hat der Satanist (der eher beim männlichen Geschlecht zu finden ist) den Mut, sein eigenes Blut zur Verstärkung des jeweiligen Rituals zu opfern.
In vielen männlich ausgerichteten Religionen wird ein (Blut-)Opfer verlangt. Patriarchale Gottheiten sind meist als blutdurstig überliefert, indem sie Selbstgeißelungen und Beschneidungen zelebrierten.
Meines Erachtens ist Satanismus eine lebensverachtende und düstere Weltanschauung, die lediglich Kummer und Schmerz verursacht hat. Ich hoffe, dass viele meiner Leserinnen und Leser mit mir einer Meinung sind, dass dies der falsche Weg ist, seine Ziele im Leben zu erreichen.

Die Kraft der Magie

Ursprünge und Definition der Magie

Die Ursprünge der Magie sind sicherlich bereits in den Anfängen der Menschheitsgeschichte zu finden. In einer Zeit, in der der Mensch den Elementen und Launen der Natur nahezu schutzlos ausgeliefert war, versuchte er vermutlich erstmals, diese zielgerichtet zu beeinflussen, um dadurch Vorteile für sich und die Gemeinschaft zu erwirken.
Die ersten Rituale entstanden durch das Darbringen von Opfergaben, um die Götter gnädig zu stimmen. Der Wünsche waren es früher wie heute viele – von Schutz, Gesundheit und Fruchtbarkeit über Jagderfolg und gesunde Kinder bis hin zu Liebesglück und einem langen Leben. Auf diese Weise beschäftigte man sich mit einem Gebiet außerhalb der profanen Welt – mit der unsichtbaren Welt der Magie.

Einfluss auf die Dinge zwischen Himmel und Erde

Anfangs war es sicher schwer, zwischen Religion und Magie eine klare Trennlinie zu ziehen. Fakt ist allerdings, dass der Mensch versuchte, »etwas« zu beeinflussen, das offensichtlich sehr viel mächtiger und völlig anders war als er selbst.

Magie – Theorie und Methode

Theorie

Der Begriff »Magie« leitet sich vom griechischen »mageía« und dem persischen »mag« ab, was übersetzt so viel wie Meister, Machender oder Handelnder bedeutet.
Erreicht dieses aktive Tun und Machen einen hohen Grad an Perfektion, wird es magisch. Magie im engeren Sinn bezeichnet also die Kunst, eigene geistig-intuitive Fähigkeiten zum Erreichen eines Wunschziels willentlich einzusetzen.
Grundsätzlich lassen sich zwei verschiedene Ebenen der Magie unterscheiden: die innere und die äußere.

Die innere Magie

Mit innerer Magie bezeichnet man die Gedanken- und Emotionalkraft, die auf ein konkretes Wunschziel hin gebündelt wird. Ein Akt, der auch mentales Bauen genannt wird. Man formt sich sozusagen innerlich seine Welt so, wie sie einem vorschwebt.
Es ist selbstredend, dass man dazu sehr genau wissen sollte, was man will. Denn unklare Ziele und Wünsche besitzen keine Kraft; sie verpuffen, zerstreuen sich und werden schließlich wirkungslos!

Zur inneren Magie zählt weiterhin der absolute Wille, ein Ziel zu erreichen. Das entsprechende magische Wort dazu lautet: »Ich will ...!«
Außerdem zählt zur inneren Magie das aktive Aussenden von Wunschenergie in Form eines Zauberspruchs. Das kann eine innige Bitte in Spruchform sein, aber auch eine Verfluchung. Entscheidend ist der feste Glaube an die Verwirklichung eines Wunschziels (Glaube versetzt Berge!).
Nicht zuletzt entscheiden Ausdauer und Konsequenz darüber, inwieweit oder wie schnell das Wunschziel erreicht wird. Magische Ergebnisse zeigen sich selten über Nacht. Erwarten Sie keine Wunder. Sie dürfen nicht davon ausgehen, dass sich nach einem oder zwei Ritualen sofort die gewünschten Ergebnisse zeigen. Das kann natürlich sein, aber in der Regel sollten Sie einen Zeitaufwand in Kauf nehmen. Üben Sie sich in Geduld!
Da die innere Magie grundsätzlich ein mystisch-spiritueller Weg ist, der sogar bis hin zur Erleuchtung führen kann, sollte sie entsprechend in einem meditativen Zustand durchgeführt werden.

Die äußere Magie

Die äußere Magie umfasst alles, was die rituelle Handlung maßgeblich unterstützt. Damit sind also alle notwendigen magischen Hilfsmittel gemeint, die die eigene Gedanken- und Willenskraft fördern und verstärken.
Bei den Hilfsmitteln gelten folgende Entsprechungen: Das Element Feuer wird durch eine Kerze symbolisiert, das Element Luft durch Räucherwerk, das Element Erde durch Amulette und Wurzeln, während das Wasserelement durch magische Öle verstärkt wird.

Magische Fähigkeiten in der Praxis

Aufzeichnungen über magische Praktiken lassen sich in allen Kulturkreisen und für jede Zeit nachweisen. Es scheint so etwas wie ein Urbedürfnis des Menschen zu geben, mit Magie das eigene Leben willentlich zu gestalten.
Im Grunde genommen verfügt so gut wie jeder über bestimmte magische Fähigkeiten. Einige Menschen besitzen die Gabe des zweiten Gesichts und wissen um die Zukunft, andere verstehen es, kraft ihrer energetischen Aura Menschen zu faszinieren, ja sogar manipulieren zu können.

Wie erkenne ich, dass ich magisch bin?

Grundvoraussetzung für jede magische Tätigkeit bildet das Erkennen verborgener Kräfte. Denn wenn nichts erkannt wird, kann unmöglich etwas geweckt, gefördert und gestärkt werden. Das Erkennen kann nur auf dem Weg der Selbstbeobachtung geschehen! Stelle ich beispielsweise fest, dass sich meine Ahnungen immer wieder bewahrheiten, dann kann ich diese intuitiven Kräfte systematisch stärken und schließlich magisch nutzen.

Wie stärke ich meine magischen Kräfte?

Üben, üben und nochmals üben! Das »richtige« Zauberwirken funktioniert in erster Linie durch das perfekte Zusammenspiel der inneren und äußeren Magie. Dies ist die Basis, um effektiv seine magischen Fähigkeiten zu entfalten und das Leben nach den eigenen Vorstellungen zu gestalten. Kurzum: Nur durch das regelmäßige Praktizieren sammeln Sie die notwendige Erfahrung, die für effektive Magie erforderlich ist.

Wie kann, wie soll man Magie nutzen?

Die Tatsache, dass unter magischen Gesichtspunkten die Wirklichkeit reine Energie ist, macht sie allgegenwärtig und unerschöpflich. Hierbei sind Sie grundsätzlich in der Lage, diese direkt zu beeinflussen, indem Sie die dazu nötigen magischen Techniken beherrschen. Auf diese Weise können Sie Ihren Willen in eine physisch wirksame Handlung verwandeln und zu Ihren persönlichen Gunsten nutzen.

Magie im Spiegel des Ritus

Die modernen Formen des Hexenwesens sind äußerst vielfältig. Sie reichen von Gedanken- und Ritualmagie über keltisch-nordische Magie bis hin zur allgemein bekannten weißen und schwarzen Magie. Darüber hinaus bestehen noch viele weitere Richtungen und Möglichkeiten.

Im Gegensatz zu den meisten traditionellen monotheistischen Religionen pocht der Hexenkult keinesfalls auf Dogmen, und zwar weder auf »schriftlich-testamentarische« noch auf mündliche. Diese Tatsache begründet die enorme Vielgestaltigkeit und Freiheit des modernen Hexenwesens. Dies erlaubt jeder Anhängerin einen großzügigen individuell-kreativen Freiraum.
Und das ist für mich ein sehr guter Grund, Hexe zu sein!

Weiße Magie – schwarze Magie

Oft werde ich gefragt, ob es nicht schwarzmagisch sei, z. B. ein Liebesritual zu zelebrieren. Dazu sollte man wissen, was überhaupt weiße von schwarzer Magie unterscheidet, zumal die Grenzen fließend sind!
Weiße Magie dient dem Wohlergehen aller oder bestimmter Individuen und steht im harmonischen Einklang mit der spirituellen Entwicklung der Menschheit und den kosmischen Gesetzen. Alles, was man tut, denkt und fühlt, um zu helfen, zu fördern, zu unterrichten, aufzubauen, zu heilen, aufzuklären, zu wärmen, zu reinigen, zu vergeistigen, gehört zur weißen Magie.
Schwarze Magie ist stets mit einem persönlichen Machtanspruch verbunden. Sie geht mit rein egoistischen Bestrebungen einher und bezweckt die Ausdehnung des Ichs auf Kosten anderer. Wer sie ausübt, verstößt gegen die Gesetzmäßigkeiten der geistigen Welt. Damit widersprechen diese Praktiken dem »göttlichen Willen« und wirken letztlich (bei konsequenter Ausübung ohne Umkehr) auf die Vernichtung des Schwarzmagiers hin (»Rückpralleffekt«).

Ein bekanntes Hexengesetz besagt:

Tue, was du willst, aber schade niemandem!

Das bedeutet, dass alles auf den magisch Praktizierenden zurückfällt und dass man das, was man tut, selbst verantworten muss. Insofern liegt es bei jedem selbst, welchen Weg er beschreiten will.

Mögliche Gefahren bei der magischen Arbeit

Die Arbeit mit feinstofflichen Energien sollte stets mit Bedacht und Respekt durchgeführt werden. Magisch Tätige sollten unbedingt auch eine charakterliche und psychische Festigkeit mitbringen, um nicht hilflos den Gefahren der Magie ausgeliefert zu sein. Hierzu nur einige Punkte, die man sich immer wieder vor Augen halten sollte:

Selbstüberschätzung Ich kann alles erreichen, was ich will, ich bin allmächtig! Tatsächlich …?

Überheblichkeit Nicht »großartiger« als andere sein und herabschauen auf diejenigen, die noch nicht so weit sind.

Paranoia Da durch die magische Arbeit das Wahrnehmungsvermögen geschärft wird, wird man sich der negativen Energien und Impulse, die von Mitmenschen ausgehen können, bewusster. Das kann jedoch dazu führen, dass man beginnt, Schatten zu jagen, und glaubt, sich gegen Gefahren schützen zu müssen, die gar nicht vorhanden sind. Gesunder Menschenverstand sowie eine gute Portion Bodenhaftung sind die Basis, um auf lange Zeit hinaus mit magischen Kräften zu arbeiten.

Missionieren Den Weg zur alten Tradition muss jeder selbst in sich entdecken!

Nicht abheben! Bleiben Sie immer auf dem Boden der Realität. Je intensiver Sie sich mit Magie beschäftigen, desto mehr erhöht sich das eigene Energiepotenzial, was Schutzmaßnahmen wie das »Erden« erforderlich macht (Erdungstechniken siehe Seite 65). Erden deshalb, weil man durch die hohe magische Energie, die man in sich erzeugen kann, geistig leicht »abhebt«. Der magisch Agierende ragt sozusagen wie ein Leuchtturm in den Kosmos und zieht hohe Schwingungen verstärkt an.

Die Beschäftigung mit Magie kann neben positiven Erfolgen und dem Fortschreiten der eigenen Entwicklung auch einige weniger schöne Erfahrungen mit sich bringen. Oft gerät man in Euphorie, wenn erste Erfolge erzielt werden. Und schon bald lebt man in der Annahme, dass alles möglich sei und einen nichts mehr stoppen kann. Dabei wird außer Acht gelassen, dass die Beschäftigung mit Magie (und dem Hexentum) einen fortdauernden Prozess der eigenen Entwicklung darstellt. Sollte dann einmal nichts mehr funktionieren, kommt der tiefe Fall. Dann können sich Selbstvorwürfe und Schuldgefühle einstellen – bis hin zu Depressionen. Letztlich gilt, aus seinen Fehlern zu lernen und seine Grenzen zu akzeptieren.

Wichtige Grundsätze

- Magie nur dann ausüben, wenn Sie in guter physischer und psychischer Verfassung sind!
- Die eigene Motivation bestimmt unweigerlich den Ausgang des Rituals. Sie sollten sich bei jeder Ihrer magischen Arbeiten bewusst sein, was Sie tun und welche Auswirkungen

Ihre Handlungen auf Sie selbst, Ihre Umgebung und andere Menschen haben können.

- Praktizieren Sie nicht aus Lust und Laune heraus. Nur weil Sie sich eventuell gerade über eine andere Person geärgert haben, dürfen Sie diese nicht gleich verfluchen. Eines sollten Sie nie vergessen: Alles, was Sie tun, kann irgendwann auf die eine oder andere Art und Weise auf Sie zurückfallen. Und dies geschieht im positiven wie auch im negativen Sinn!
- Es erscheint ein Liebeszauber für Sie im ersten Augenblick recht reizvoll, da Sie womöglich endlich das Herz Ihres Traumpartners erobern können. Doch bedenken Sie, dass Sie nichts erzwingen können, das nicht im Sinne der Göttlichkeit ist.
- Versuchen Sie stets, all Ihre magischen Handlungen auf faire Weise zu betrachten: »Was du nicht willst, das man dir tut, das füg' auch keinem andern zu!«. Wenn Sie diese Volksweisheit beherzigen, werden Sie immer den richtigen Weg für Ihr Handeln wählen.
- Verwünschungen sollten im Allgemeinen vermieden werden. Wenn Ihnen allerdings absichtlich Schaden zugefügt wurde, wie z. B. Betrug, Diebstahl, Einbruch, bösartiges Mobbing oder Vergewaltigung, ist eine Verwünschung meines Erachtens gerechtfertigt. Sprechen Sie jedoch bei Bannflüchen besser keine Namen aus, wenn Sie sich nicht hundertprozentig sicher sind, wer der/die Übeltäter(in) ist. Sagen Sie in diesem Fall: Derjenige, der in meine Wohnung einbrach ... etc. Die Göttin weiß, auf wen sich der Bannspruch bezieht, und wird ihr Ziel finden, während Sie es vielleicht verfehlen.
- Reden ist Silber – Schweigen ist Gold. Wenn Sie Rituale zelebrieren, sollten Sie möglichst nichts davon erzählen. Denn wenn die Person, der man davon berichtet, einem negativ gesonnen ist, kann dies die magische Energie erheblich schwächen. Allerdings können Sie sehr wohl ausgesuchte Menschen ins Vertrauen ziehen, da diese Sie bei Ihrer Wunscherfüllung unterstützen können. Aber wählen Sie solche Vertrauenspersonen stets mit Bedacht.
- Bleiben Sie immer auf dem Boden der Realität. Verfallen Sie nicht in den Glauben, dass Sie mit Magie jetzt alles und jeden nach Lust und Laune manipulieren können. Dass Sie jetzt z. B. für eine Prüfung nicht mehr lernen müssen, da Sie ja kurz vorher ein Erfolgsritual zelebrieren. Sie sind nicht die Göttin selbst!

Nehmen Sie Ihr Leben in die eigene Hand

Es ist sinnvoll und vorteilhaft, dass Sie ein Ritual durchführen, um so Ihre Chancen entsprechend zu verbessern, wie z. B. vor einem Vorstellungsgespräch, einem Gerichtstermin oder einem Rendezvous. Wie schon ein altes Sprichwort sagt: »Jeder ist seines Glückes Schmied.« Wenn Sie tatenlos dasitzen und warten, bis sich alles von selbst oder von jemand anderem erledigt wird, werden Sie immer abhängig oder ein Spielball des Schicksals bleiben. Erfahren Sie selbst, wie magische Rituale auch Ihr Leben positiv verändern können!

Die Kunst der Rituale

Was sind Rituale?

Woran denken Sie, wenn Sie das Wort »Ritual« hören? Die einen sehen eine bucklige Hexe im finsteren Wald um einen brodelnden Kessel tanzen, andere denken vielleicht an ein priesterlich-blutiges Opferritual mit düster murmelnder Gemeinde am Tempelaltar. Rituale sind aber gar nicht so mysteriös und unheimlich, wie viele meinen.
Rituale sind die angewandte Kunst zur Mobilisierung der magischen Kräfte, um diese zu bündeln und ihnen Form und Ausdruck zu verleihen. Nicht zuletzt ist auch die gewünschte Richtung, das definierte Ziel, maßgeblich. Magie lebt durch das Ritual und zeigt sich durch die magische Handlung nach außen. Folglich ist die magische Zeremonie der Kristallisationspunkt aller vorhergehenden Bemühungen, wie das Bestimmen des richtigen Zeitpunkts und Orts, Meditation, Reinigung, Sammlung etc. Letztlich ist das Ritual Medium für eine magische Absicht, das unbedingte Wollen, ein bestimmtes Ziel zu erreichen.

Gezielte Energiebündelung

Das Wort oder die Bezeichnung »Ritual« (von lateinisch »ritus«) im engeren Sinn ist ein fester, in den wesentlichen Grundzügen vorgegebener Ablauf religiöser, kultischer oder ganz alltäglicher Handlungen. Ein Ritual oder Ritus bezeichnet den festgelegten, immer wiederkehrenden Verlauf eines Akts.
Für magische Rituale gilt Folgendes: Sie vereinigen in sich einen mehr oder weniger komplizierten Inhalt aus Gefühlen, Worten und Handlungen, die mit einem bestimmten Wunschziel, einer Absicht verbunden sind. Ein magisches Ritual dient also der gezielten Bündelung von Energie auf die beabsichtigte Handlung zum Erreichen des erstrebten Wunschziels.

Wozu magische Rituale?

Jede Zeremonie dient als äußere Bekräftigung und »Besiegelung« der magischen Idee. Rituale dienen dazu, die aktuelle Wirklichkeit zu einer angestrebten neuen Realität zu verändern. Jedes angestrebte Wunschziel kennt seine speziellen Rituale, die eigens für den erwünschten Zweck wie maßgeschneidert sind.
Wer z. B. einen Partner sucht oder seine Attraktivität steigern möchte, wählt ein Ritual zur Steigerung des Charismas oder, falls ein Partner schon in Sicht ist, ein Liebesritual. Wackelt die Partnerschaft, ist ein Partnerfestigungsritual angebracht. Will man eine leidige Person loswerden, empfiehlt sich ein Trennungsritual.

Trägt sich jemand z. B. mit den Gedanken, seine magischen Fähigkeiten zu erwecken oder diese zu verstärken, bietet sich ein Ritual zur Steigerung der eigenen verborgenen Hexenkräfte an. Sind Sie aus Ihrem seelischen Gleichgewicht geraten und fühlen sich ausgebrannt oder krank, praktizieren Sie ein Ritual für die Körper-, Geist- und Seelenbalance oder ein Ritual zur Aktivierung der Selbstheilkräfte. Wollen Sie Ihre Hellsicht fördern, um einen klaren Blick in die Zukunft zu haben, empfehle ich Ihnen, ein Ritual zu zelebrieren, um zukünftige Entwicklungen und Tendenzen besser zu erkennen.

Erfolgsrituale eignen sich vor allem bei beruflichen oder finanziellen Angelegenheiten, wie Jobfindung, zur Ankurbelung der eigenen Karriere oder zum Auflösen von Geldblockaden. Werden Sie das Gefühl nicht los, dass etwas in Ihrem Leben nicht mehr richtig läuft und ständige Blockaden oder Hindernisse Ihren Weg kreuzen, dann praktizieren Sie am besten ein Abwehr-, Bann- oder Schutzritual, um negative Energien wirksam zu bannen oder zu neutralisieren. Darüber hinaus vermitteln Ihnen diese Schutz- und Bannrituale eine Art hellen Ring aus Licht, der Ihnen auch für die alltäglichen Herausforderungen des Lebens mehr Sicherheit und Stärke schenkt.

Was geschieht während eines Rituals?

Während einer magischen Handlung werden die eigenen verborgenen Kräfte durch die Vorbereitung, die gedankliche Zielsetzung und nicht zuletzt die Konzentration und Energiebündelung auf das Wunschziel aktiviert.

- Die eigene magische Kraft wird aufgebaut, fokussiert, gebündelt und verwebt sich mit der Kraft der kosmischen Energie.
- Das Ziel, worauf man diese Kraft lenken will, also auf die Wende, die Sie herbeiführen wollen, wird visualisiert.
- Dann lassen Sie diese gebündelte Wunschkraft kontrolliert frei und bewirken dadurch den ersten wichtigen Schritt in Richtung Ziel.

Der Ablauf eines Rituals

Nach der entsprechenden Vorbereitung, in der Sie die richtige Zeitqualität ermittelt, alle benötigten Ritualgegenstände hergerichtet und für eine ungestörte Atmosphäre gesorgt haben, können Sie mit der magischen Arbeit beginnen. Ich möchte Ihnen hier eine Möglichkeit eines Ritualablaufs aufzeigen, wie ich ihn in der Regel praktiziere. Informationen zur Grundausstattung einer Hexe finden Sie ab Seite 33.

Der Ritualplatz ist ordentlich und aufgeräumt, keine alltäglichen Gegenstände liegen herum. Das Telefon ist ausgesteckt oder auf lautlos gestellt, das Handy abgeschaltet, Sie haben in dieser Zeit keine Termine oder erwarten Besuch. Es ist wichtig, für eine ruhige Atmosphäre zu sorgen, da Störungen die Konzentration maßgeblich beeinträchtigen.

Platzieren Sie nun sämtliche benötigten Utensilien auf Ihrem Altar, wie z. B. Räucherwerk samt Kessel, Kohle und Zündhölzer, Kerzen, Öle, Steine oder Talismane, Pergamentpapier samt Federhalter und entsprechender Tinte etc. Wenn Sie die Zeit und die Möglichkeit haben, entspannen Sie sich mit einem Reinigungs- und Ritualbad, um all die belastenden Sorgen und den Stress des Alltags abzuwaschen.

Kleiden Sie sich in leichte, lockere Stoffe, möglichst in den Farben Ihres Ritualziels. Falls Sie dazu nicht die Zeit oder Lust haben, nutzen Sie die Technik, mit den Händen an sich hinabzustreifen und wieder an sich hochzugleiten, um damit symbolisch die Kleider des Tages in die Kleider der Nacht zu wechseln.

Nun kann die magische Zeremonie beginnen:

1. Reinigung Entzünden Sie eine Räucherkohle, legen Sie sie in den Räucherkessel und lassen Sie sie durchglühen. In der Zwischenzeit – Sie haben dafür ca. fünf bis zehn Minuten – arrangieren Sie Ihre magische Wirkstätte nach Ihren Vorstellungen, damit alles zum richtigen Zeitpunkt greifbar ist.

Ist die Kohle durchgeglüht und zeigt sich eine weiße Ascheschicht, streuen Sie etwas Reinigungsräucherwerk darauf. Nun schreiten Sie den Raum mit der qualmenden Räucherung ab und fächern z. B. mit einer Feder den reinigenden Rauch in alle Ecken des Raumes. Dabei konzentrieren Sie sich darauf, dass alles Negative gebannt und neutralisiert wird. Sie können dabei folgende Worte sprechen: »Gereinigt sei nun dieser Ort, alles Böse treib' ich von hier fort!« Achten Sie darauf, wirklich gründlich zu räuchern, um keine störenden negativen Rückstände, die irgendwo verborgen sind, zu übersehen. Gehen Sie einmal rückwärts im Kreis durch das Zimmer, um alle Energien aufzulösen, danach gehen Sie dreimal vorwärts im Uhrzeigersinn, um eine klare Energie aufzubauen.

Haben Sie das Gefühl, besonders viel Schutz zu benötigen, streuen Sie etwas Salz im Uhrzeigersinn um den Ritualplatz, speziell um den Altarbereich. Salz wirkt reinigend und bannend. Bei einer Entfluchung sollten Sie am besten schwarzes Salz streuen, das eine noch stärkere Wirkung als normales Salz besitzt.

2. Schutzkreis ziehen Dafür nehmen Sie Ihren Ritualdolch und ziehen über Ihrem Kopf und dem Altar einen weitläufigen Kreis im Uhrzeigersinn. Der Kreis wird geschlossen mit den Worten: »Der Kreis ist nun geschlossen und bleibt ungebrochen!« Beachten Sie, dass Sie ab jetzt den Schutzkreis nicht mehr verlassen sollten. Dieser rituelle Schutzkreis wird gezogen, um sämtliche störenden Energien oder Schwingungen fernzuhalten und magische Energie zu konzentrieren und zu verstärken.

3. Energien und Elemente beschwören Sie befinden sich nun innerhalb des magischen Kreises, richten Ihren Blick in die jeweilige Himmelsrichtung und ziehen mit Ihren ausgestreckten Armen ein anrufendes Pentagramm; dabei rufen Sie die Wächter des Ostens, Südens, Westens und Nordens (Anrufungsritual siehe Seite 62). Nach den Elementen vergessen Sie nicht, die Göttlichkeit einzuladen und um Unterstützung zu bitten.

4. Visualisierung des Zaubers Nehmen Sie sich einige Minuten Zeit, um sich zu zentrieren und in Ihre Mitte zu finden. Dafür würde sich die Mondatmung (siehe Seite 57) anbieten, da sie zusätzlich die Visualisationskraft stärkt. Bilden Sie mit Ihren Händen ein Dreieck, indem Sie die Fingerspitzen aneinander legen und die Daumenspitzen sich leicht berühren. Halten Sie Ihre Hände auf Ihren Unterbauch um den Nabelbereich und atmen Sie – spüren Sie die Energie fließen. Visualisieren Sie dabei Ihr Wunschziel und fühlen Sie, wie Energie aus Ihrem magischen Dreieck, geformt aus Ihren Händen, strömt. Diese Energie wird innerhalb des Schutzkreises noch potenziert und gebündelt. Sie befinden sich zu diesem Zeitpunkt in einer Art magischer Trance, falls Sie die Mondatmung durchgeführt haben.

In diesem Zustand der Versenkung beginnen Sie mit dem eigentlichen Hauptteil des Zauberwirkens. Ölen Sie die Kerzen mit den entsprechenden magischen Ölen und träufeln Sie zusätzlich einige Tropfen in die Duftlampe. Weihen Sie die Kerzen, indem Sie diese durch den magischen Rauch ziehen und dabei besprechen. Weihen Sie ebenfalls das Pergament und alle anderen benötigten Hilfsmittel. Konzentrieren Sie sich während jeder dieser Handlungen immer auf Ihr Wunschziel und lassen Sie es niemals aus Ihren Gedanken huschen.

5. Sprechen des Zaubers Führen Sie nun den magischen Akt nach Ihrer Ritualanleitung oder Vorlage durch. Nehmen Sie sich so viel Zeit, wie Sie brauchen – so erzielen Sie den größtmöglichen Erfolg. Vergessen Sie nichts und lassen Sie nichts aus, damit die magische Frequenz immer hoch schwingend bleibt. Sprechen Sie laut und inbrünstig Ihre Bitte oder Ihren Wunsch aus und enden Sie mit den Worten: »Im Namen der Göttin, so sei es!«

6. Verankern und Binden des Zaubers Verharren Sie noch einige Zeit vor der hell flackernden Kerzenflamme, um das Wunschziel in Ihrem Kopf zu verankern. Stellen Sie sich Ihre ersehnte oder erwünschte Situation möglichst plastisch vor, als ob Sie ein Bild oder einen Film vor Ihrem geistigen Auge sehen würden. Halten Sie diese Vorstellung in Ihrem Kopf fest – aber nicht als Möglichkeit oder »Ach, es wäre so schön ...!«, sondern als Tatsache, als ob Sie Ihr Wunschziel schon erreicht hätten. Danach binden Sie den Zauber mit der Technik, die auf Seite 68 ausführlich beschrieben wird.

7. Entlassen der Mächte Nun ist der Hauptteil der Zeremonie abgeschlossen, der Zauber vollzogen, verankert und gebunden. Der Göttlichkeit wird gedankt, ebenso wie den Wächtern der Elemente, dann werden sie wieder entlassen (Entlassen der Energien auf Seite 62).

8. Erden der überflüssigen Energien Um den hohen Schwingungsgrad an magischer Energie wieder zu normalisieren, ist es außerordentlich wichtig, sich zu erden, da man ansonsten auf einer höheren Frequenz dreht und so Gefahr läuft zu »überdrehen«. Ganz abgesehen davon, dass man in einem solchen energetisch flirrenden Zustand hochangreifbar für sämtliche Einflüsse von außen wird (Leuchtturm-Effekt!). Deswegen vergessen Sie niemals, sich ausreichend zu erden und die magische Energie wieder an die Erde zurückzugeben. Dies ist auch eine der wirksamsten Schutzmaßnahmen überhaupt. Verschiedene Erdungstechniken werden ausführlich ab Seite 65 beschrieben.

9. Schutzkreis öffnen Haben Sie sich gut geerdet, öffnen Sie mit Ihrem Ritualdolch den Schutzkreis wieder, entgegen dem Uhrzeigersinn. Sprechen Sie dabei die Lösungsworte: »Der Kreis ist nun geöffnet!«

10. Essen, Trinken oder, noch besser – Sex! Nach einem erfolgreich durchgeführten Ritual stellt sich, zumindest bei mir, immer ein richtiges Hungergefühl ein. Die Lebensbatterien müssen wieder aufgeladen werden, und das geht am besten durch gutes Essen und Trinken. Essen und Trinken hält Leib und Seele zusammen, wussten schon unsere Eltern und Großeltern. Die allerschönste Art und Weise aber, sich nach einem erfolgreichen Ritual gut zu erden, damit die überschüssige Energie sich produktiv wandeln kann, ist und bleibt Sex! Wenn Sie also die Gelegenheit dazu haben …

Die Ritualwirkung

Bedenken Sie, dass nach dem ersten Ritus selten schon die gewünschte Veränderung eintreten wird. Wiederholen Sie die magische Zeremonie öfter, bis Sie Ihr Wunschziel erreicht haben. Halten Sie unbedingt und unerschütterlich an Ihrem Glauben an den Erfolg fest.
Nach und nach beginnt sich durch magische rituelle Handlungen Ihr Bewusstsein zu erweitern, und Sie betrachten Ihr Leben mit neuen Augen. Sie beginnen, nicht nur mit den Augen, sondern auch mit dem Herzen zu sehen.

Die ständige Arbeit mit spirituellen Energien verleiht ein magisches Kraftpotenzial, das förmlich nach außen strahlt. Diese Energie umhüllt Sie wie eine unglaublich strahlende, magische Aura. Einigen magisch Tätigen ist es möglich, allein durch bewusste Konzentration der Gedankenenergien direkt und willentlich auf das tägliche Umfeld einzuwirken.
Lebensenergie wird gezielt in positive und erfolgreiche Bahnen gelenkt. Zumeist sind es Gewinnertypen, die zum Teil sehr bewusst die magischen Gesetze anwenden und dadurch zu Liebe, Erfolg oder Wohlstand kommen. Es ist die Energie, die spezielle Aura von Kraft und Zuversicht, die diese Menschen so charismatisch, bewundernswert, beliebt und letztlich sehr erfolgreich im Leben macht.

Der Erfolg eines Rituals

Der Ritualerfolg hängt entscheidend von der Einstellung, dem geistigen Zustand, in dem man sich während der magischen Handlung befindet, sowie von der Qualität und Kraft der gewählten Symbole ab. Die Stärke der Konzentrations- und Willenskraft des magisch Wirkenden entscheidet letztlich über die Intensität der Energie – ebenso wie andere Faktoren, beispielsweise die Örtlichkeit, die astrologische Zeitqualität, Düfte etc. Die Kraft des Symbols wiederum ist von Mensch zu Mensch verschieden, da jedes Sinnbild auf den Träger individuell wirkt. Die verwendeten Symbole, Hilfsmittel und Gedanken wirken nachhaltig auf das Unterbewusstsein. Dieses stärkt wiederum die Willensausrichtung und eigene magische Kraft und kann so eine Wende bewirken.
Somit bin ich letztendlich Herrin meiner selbst und habe mein Leben in der eigenen Hand. Ich sitze nicht passiv herum und warte, dass alles von selbst besser wird oder jemand alles für mich erledigt. Ich regle mein Leben, wie ich es möchte und mir vorstelle.

Die magische Praxis

Nach vielen theoretischen Erklärungen über die Hexenarbeit und den Begriff »Magie« möchte ich Ihnen nun im Einzelnen die praktische Seite vorstellen. Erfahren Sie auf den folgenden Seiten, wie ein Altar gestaltet wird und was man an zeremoniellen Gegenständen benötigt. Darüber hinaus erhalten Sie wichtige Informationen über den Einfluss der vier Elemente Luft, Feuer, Wasser und Erde sowie die Wahl des richtigen Zeitpunkts für ein Ritual.
In den anschließenden Kapiteln ab Seite 56 werde ich Ihnen verschiedene Techniken der Meditation und Visualisierung präsentieren. Außerdem beschreibe ich detailliert die Praxisgrundlagen zur Vorbereitung magischer Handlungen wie Kleidung, Schutzkreis, Schutzmaßnahmen und die Kunst der richtigen Wunschformulierung.

Grundausstattung einer angehenden Hexe

Für erfolgreiche Hexenarbeit sollten Sie sich ein Basissortiment an magischen Werkzeugen zur Unterstützung Ihrer Konzentration zulegen. Ich nenne Ihnen die wichtigsten Utensilien, welche die Elemente repräsentieren und die Sie in jedem gut sortierten Esoterikfachgeschäft oder auch in »Maggie's Hexentruhe« (www.hexentruhe.at) käuflich erwerben können. Da der Erfolg eines Rituals wesentlich vom richtigen Zeitpunkt der magischen Handlung abhängt, empfehle ich Ihnen außerdem »Maggie's Hexenkalender« mit astrologischer Zeitqualität für jeden Tag. Er erscheint jährlich im Heyne Verlag.

Kerzen Mindestens vier weiße Kerzen sind ein Muss und dienen in der Regel zum Schutz während der magischen Handlung. Sie werden auch gerne bei Vollmond-Neuorientierungs- oder Dankesritualen verwendet. Verspüren Sie in sich unerwartet den Impuls, ein Ritual zu zelebrieren, haben aber keine Kerze in der entsprechenden Farbe, können Sie ersatzweise eine weiße Kerze dafür verwenden, anstatt ganz auf das Zauberwirken zu verzichten. Je nach Ritualausrichtung empfehle ich noch zwei rote, eine schwarze und zwei grüne Kerzen; damit sind Sie bereit für spontane Rituale. Die rote Kerze unterstützt sämtliche Kraft-, Energie- und Liebesrituale. Schwarze Kerzen helfen bei Bann- und Trennungsritualen, aber auch in Sachen Glück. Grüne stehen für Harmonie- und Geldthemen. Achten Sie darauf, stets mit durchgefärbten Kerzen zu arbeiten.

Räucherwerk Wenn Sie noch am Beginn Ihres Hexenwegs stehen, empfehle ich Ihnen, bereits fertige Räuchermischungen zu wählen. Am wichtigsten sind eine Reinigungsräucherung, eine Schutzräucherung und eine

Ritualmischung, dem Wunschziel entsprechend – wie beispielsweise Liebeszauber, Heilung, Erfolg oder Spiritualität. Achten Sie bei Ihrem Einkauf darauf, sich für solche Räuchermischungen zu entscheiden, die frei von synthetischen Duftverstärkern sind, denn diese können Kopfschmerzen verursachen.

Räucherutensilien Bevor Sie mit dem Räuchern beginnen, benötigen Sie noch folgende Gegenstände:

- Feuerzeug, Streichhölzer oder gegebenenfalls Kerze
- Feuerfeste Schale aus Ton, Metall oder Keramik
- Marmorsplitt, Kiesel oder Sand
- Räucherkohle
- Portionierlöffelchen
- Kohlenzange
- Feder zum Fächern
- Mörser

Tipp Marmorsplitt oder Kiesel haben gegenüber Sand den Vorteil, dass durch sie eine bessere Luftzirkulation unterhalb der Kohle ermöglicht wird. Nur so kann die Kohle auch restlos verglühen. Zudem sind Marmorsplitt und Kiesel wiederverwendbar, indem Sie die Asche absieben, den Splitt bzw. Kiesel unter fließendem Wasser auswaschen und trocknen lassen.

Wie räuchere ich richtig? Stellen Sie alle benötigten Materialien bereit. Als Erstes füllen Sie den Marmorsplitt oder Kiesel in die feuerfeste Schale. Achten Sie bei Ihrer Auswahl der Schale darauf, dass ein kleines Gefäß durch die glühende Kohle eine enorme Hitze entwickeln kann; benutzen Sie deshalb immer eine feuerfeste Unterlage. Im Handel sind unterschiedliche Größen von selbstzündenden Kohlen erhältlich. Die kleine Kohle hat einen Durchmesser von 33 Millimeter und brennt ca. 30 Minuten, die große einen Durchmesser von 40 Millimeter und hat eine Brenndauer von ca. 45 Minuten. Mit einer Kohlenzange nehmen Sie nun ein Kohlenstück und halten es über eine Flamme. Sobald kleine Funken sprühen, hat die Kohle sich entzündet und wird auf dem Marmorsplitt abgelegt. Warten Sie, bis die Kohle durchgeglüht ist, was in der Regel fünf bis zehn Minuten dauert.

In der Zwischenzeit können Sie Ihr Räucherwerk vorbereiten und eventuell im Mörser noch zerkleinern, falls es Ihnen zu grobkörnig ist. Die Kohle ist durchgeglüht, wenn sich auf der Oberfläche eine weiße Ascheschicht gebil-

det hat. Streuen Sie nun eine Messerspitze des Räucherwerks auf die Kohle oder benutzen Sie dafür einen Portionierlöffel, der sich bei mir als sehr praktisch erwiesen hat. Je nach Räuchermischung oder Harz haben Sie eine unterschiedliche Rauchentwicklung. Legen Sie nach Bedarf mehr Räucherwerk nach.

Achtung Kohle immer vollständig verglühen lassen und nicht mit Wasser auslöschen!

Öle Durch die große Auswahl an magischen Ölen in den verschiedensten Duftrichtungen ist es fast unmöglich, alle durchzutesten. Für Anfängerinnen empfehle ich deshalb als

Grundausstattung folgende magische Öle: Magie- oder Hexingöl, da diese Öle die Kräfte der Praktizierenden verstärken, Schutzöle, wie z. B. Schutzengel oder Cassia, um negative Einflüsse zu blocken. Weitere Öle sind entsprechend dem Wunschziel und dem persönlichen Geschmack zu wählen – immer der eigenen Nase nach ...!

Amulette, Steine, Wurzeln Als zusätzliche Kraft- und Schutzquelle möchte ich Ihnen ein Pentagrammamulett ans Herz legen. Sofern Sie einen Stein bevorzugen: Bergkristall verbreitet eine klare und starke Energie, die Sie während Ihres Rituals nutzen können. Spätestens seit dem Bucherfolg *Harry Potter* ist die Alraune als traditionelle Hexenwurzel allgemein bekannt. Sie steht in dem Ruf, Menschen, die sie besitzen, zu verändern, und ist die Königin der Zauberpflanzen. Man sagt, es schläft die Göttin in ihr.

Duftlampe Um eine besondere Schwingung während der Hexenarbeit zu verbreiten, träufeln Sie Ihre magischen Öle in eine Duftlampe. Diese Düfte erzeugen eine besondere Atmosphäre, die erotisierend, klärend, harmonisierend oder auch visionär wirken kann.

Räucherstäbchen Besorgen Sie sich Räucherstäbchen, deren Duft Sie angenehm und entspannend finden. Nichts ist befreiender als ein Wohlgeruch, der Ihre Sinne nach einem anstrengenden Arbeitstag streichelt und verwöhnt.

Pergamentpapier Pergamentpapier wird zum Niederschreiben von Wünschen und Bitten verwendet.

Taubenbluttinte Mit Taubenbluttinte werden Wünsche konkret zu Papier gebracht.

Altartücher Weiß ist die Farbe, die Sie jederzeit verwenden können. Ansonsten setzt man wie bei den Kerzen für Altartücher die Farben Rot, Grün und Schwarz ein, entsprechend dem Ritualziel.

Klassische Ritualgegenstände wie Kelch, Dolch, Stab und Pentakel Da Magie stets durch eine innere und eine äußere Entsprechung wirkt, korrespondieren die magischen Gegenstände, wie z. B. Dolch, Kelch, Öle und Räucherwerk, als sichtbares Zeichen des Respekts der Göttlichkeit gegenüber. In diesem Sinn versteht es sich von selbst, dass billig gefertigte Ritualgegenstände, z. B. ein Pappbecher als Ritualkelch oder ein altes Küchenmesser als Ritualdolch, nicht wirkungsvoll die Aufgabe der effektiven Vermittlung zwischen den Welten erfüllen können. Um den Rahmen des persönlichen Budgets nicht zu sprengen, bietet es sich an, die zeremoniellen Mittel nach und nach zu erwerben. Allerdings: Kerzen, Öle, Räucherset und Amulett oder Wurzel sollten sich immer in Ihrem Wohnbereich finden. Auf diese Weise ist es möglich, für einen recht überschaubaren Betrag effiziente Rituale mit guten Ergebnissen praktizieren zu können.

Utensilien individuell auswählen

Lassen Sie sich in einem Fachgeschäft für esoterische und magische Artikel beraten. Schon während des Gesprächs werden Sie bei bestimmten Gegenständen mehr als bei anderen spüren. Hilfsmittel, die nicht reine Fabrikware, sondern die vom Geist und den Emotionen des Herstellers durchströmt sind, wählen auf fast magische Weise genau diejenigen Menschen aus, die sie auf dem weiteren Lebensweg begleiten werden. Falls Sie jetzt entgegenhalten, dass sich kein derartiges Fachgeschäft in Ihrer Nähe befindet, haben Sie auch die Möglichkeit, das Internet zu nutzen (z. B. www.hexentruhe.at). Sämtliche Artikel sind beschrieben und mit Bildern versehen. Oder Sie bevorzugen die klassische Methode und rufen direkt im Geschäft an. Nimmt man sich Zeit für eine eingehende fachliche Beratung, haben Sie einen guten Anbieter gewählt. Denn eine kompetente und einfühlsame Fachberatung ist letztlich das A und O, um die bestmöglichen Voraussetzungen für zukünftige magische Erfolge zu schaffen.

Magische Atmosphäre

Durch die Kraft der Magie schöpferisch zu wirken, ist eine wunderbare Angelegenheit, die das Herz erfreut. Umgeben Sie sich mit betörenden Düften, versenken Sie sich in das warme helle Licht einer flackernden Kerze, spüren Sie die Kraft und Energie eines magischen Symbols auf Ihrer Haut. Kleiden Sie Ihr Vorhaben in einen würdigen Rahmen. Nur so entspinnt sich zwischen Ihnen und der magischen Sphäre ein Band von zauberhafter Kraft.

Der Ritualplatz

Voraussetzung für erfolgreiches Zauberwirken ist ein angemessener Ort für den magischen Ritus. Ein solcher (H)ort wird in der Hexentradition als Hag bezeichnet. So beschreibt der Hag im eigentlichen Sinn eine Hecke, einen umzäunten oder anderweitig abgegrenzten Ort. Symbolisch gesehen können auch die eigenen vier Wände durch einen Schutzkreis zum Hag werden. Das bedeutet, dieser Ort ist ein persönlicher, magisch abgegrenzter Platz für Rituale und Zeremonien. Hier können Sie Kontakt aufnehmen zu anderen Bewusstseinsbereichen.

Es ist empfehlenswert, den Alltagsbereich von der magischen Wirkstätte deutlich abzugrenzen – je klarer, desto besser. Diese Abgrenzung hat den Sinn, die unterschiedlichen Dimensionen und deren veränderte Zustände sichtbar zu machen. Das so genannte Alltagsbewusstsein und der Alltagsraum sollen verlassen werden. So schaffen Sie sich einen »Raum zwischen den Welten«, also einen Bereich, der »heilig« ist, sakral, in dem sich der Geist frei entfalten und wirken kann.

Allerdings ist es meist nicht möglich, ein eigenes Zimmer für die magische Arbeit einzurichten, sei es aus Platz- oder anderen Gründen. Wählen Sie deshalb einen Ort in Ihrem Wohnbereich, wo Sie die magische Handlung durchführen möchten. Sie können beispielsweise Ihre Sitzecke dazu nutzen.

Selbstverständlich ist auch, eine ordentliche und saubere Atmosphäre rund um Ihre magische Wirkstätte zu schaffen, indem Sie das Zimmer, in dem Sie praktizieren, aufräumen, da sonst Ihre Konzentration gestört werden könnte. Ordnung ist hilfreich für Aufmerksamkeit und klare, zielgerichtete Gedanken.

Der magische Altar

Wichtig dabei ist ein Tisch, auf dem Sie Ihre Ritualgegenstände arrangieren können. Der erste Schritt ist nun, diesen zu einem Altar umzufunktionieren, da er im Zentrum der magischen Arbeit steht. Der Altar dient als Ablagefläche innerhalb des Schutzkreises für die magischen Werkzeuge oder Utensilien während der Zeremonie.

Dafür müssen Sie den Tisch erst einmal abräumen und ein Tuch darüber breiten, das möglichst in der Farbe Ihres Ritualziels ist. Beispielsweise in Rot, wenn Sie ein Liebes- oder Kraftritual durchführen möchten, oder in Grün, wenn Sie ein Geldritual vorhaben. Eine weiße Altardecke können Sie zwar immer benutzen; ich rate Ihnen aber, darauf zu achten, ein Tuch mit der richtigen Farbenergie zu verwenden. Auf Ihrem Altar werden nun die Ritualgegenstände platziert. Zusätzlich empfehle ich links und rechts zwei weiße Kerzen, die zum Schutz verwendet werden. Was sonst noch nötig ist für die Hexenarbeit, wird bei den Ritualgegenständen ab Seite 38 beschrieben.

Der Sinn der verwendeten Hilfsmittel besteht darin, die Energien zu lenken und zu verstärken sowie auf den magisch Arbeitenden selbst und dessen Wunschziel einzuwirken.

Beispiele für die Altargestaltung

Schmücken Sie Ihren ganz persönlichen Platz so schön wie möglich. Als Utensilien kommen dabei ein Räucherkessel, Kerzen, Kräuter, Blumen, Wurzeln, Statuen oder magische Öle in Betracht, aber auch Steine, Bilder oder Fotos, Kelch, Dolch, ein Stab, magische Amulette oder eine Kristallkugel.

Gestalten Sie den Altar immer entsprechend Ihrer Wunschausrichtung. Achten Sie darauf, dass Sie alles, was Sie benötigen, vor Beginn des Zauberwirkens zusammengestellt haben. Denn es ist der Konzentration abträglich, wenn Sie während des Rituals aus dem Schutzkreis laufen, weil Sie etwas vergessen haben.

- Bei Liebesritualen ist grundsätzlich eine rote Altardecke ratsam. Der Altar wird nach Westen ausgerichtet. Dekorieren Sie ihn besonders schön und liebevoll, z. B. mit frischen roten Rosen sowie Steinen, z. B. Rosenquarz, Rubin, Granat, Karneol oder rotem Jaspis. In der Räucherung sollten Sie z. B. Rosenblätter, Rosenweihrauch, Styrax und Patschuli verwenden – oder nehmen Sie eine Liebesräucherung. In die Duftlampe wird z. B. ein Liebesöl oder Ylang-Ylang-Öl eingeträufelt. Ein Apfel als Symbol der Liebe kann auch dazugelegt werden. Falls Sie ein Bild der geliebten Person besitzen, stellen Sie es ebenfalls auf den Altar.
- Bei Geldritualen empfehle ich, den Altar in Grün zu halten. Eine grüne (Figuren-)Kerze, ein möglichst großer Geldschein, ein magisches Geldöl, glänzende und glitzernde Steine, eine Räucherung mit z. B. Lorbeer, Zimt, Melissenblättern und Dammarharz, eine Wurzel, beispielsweise eine Little-John-Wurzel (zieht Geld an), oder Ihr persönlicher Geldstein sollten nicht fehlen.
- Bei Neuanfangs- oder spirituellen Ritualen sind eine weiße Altardecke sowie weiße Kerzen, ein Bergkristall und ein Visionsöl empfehlenswert, da die Farbe Weiß für Klarheit und Reinheit steht. Für die Räucherung werden frische aufklärende Düfte verwendet, wie z. B. Mastix, Lorbeerblätter, Eisenkraut und Elemi.
- Bei Gesundheits- oder Heilungsritualen können Sie ebenfalls ein weißes oder aber auch ein blaues Altartuch verwenden. In die Duftlampe wird Heilungsöl geträufelt, blaue oder weiße Kerzen werden ebenfalls mit den magischen Ölen bestrichen. Grünpflanzen oder frische Äste mit grünen Blättern werden auf dem Altar dekoriert. Steine oder eine Kraftwurzel, wie z. B. Ginseng, dienen als Unterstützung gegen die jeweilige Krankheit. Zum Räuchern sollten Sie reinigende, frische und klärende Düfte, wie z. B. Kampfer, Rosmarin, Salbei oder Wacholderholz, verwenden.

Rituale in freier Natur

Sie können auch Rituale unter freiem Himmel ausführen, z. B. an Ihrem Lieblingsplatz, oder Sie suchen sich einen mystisch anmutenden Ort in der Natur. Das kann an einem Fluss oder Bach sein, auf einer Wiese, in einem Baumkreis, an einer Weggabelung. Der Fantasie und vor allem der eigenen Kreativität sind keine Grenzen gesetzt. Ideal ist, wenn der Ort zum Ritual passt, z. B. für ein Entscheidungsritual eine Weggabelung oder für ein Loslassritual ein fließendes Gewässer. Als Altar könnte z. B. ein größerer Stein dienen oder eine kleine Erhebung im Boden.

Bei Ritualen in der freien Natur achten Sie bitte darauf, dass Sie vor allzu neugierigen Augen möglichst geschützt sind. Manche Menschen bekommen Angst, wenn sie eine oder mehrere Frauen für ihr Empfinden seltsame und unheimlich wirkende Handlungen durchführen sehen. Unter Umständen wird sogar die Polizei gerufen, um dem mysteriösen Treiben ein Ende zu bereiten: »Hilfe, Herr Polizist, kommen Sie schnell, da sind Hexen!«

Ritualgegenstände

Ritualgegenstände werden zum Aufbauen, Sammeln, Fokussieren und Leiten der Energien eingesetzt. Diese wirken durch ihre Analogie zu den Elementen und symbolisieren verschiedene Thematiken. Bevor Sie Ihre »Elementarwaffen«, wie sie auch bezeichnet werden, einsetzen, sollten diese gereinigt und der Göttlichkeit geweiht werden. Wie dies geschieht, wird ausführlich auf Seite 63f. beschrieben.

Dolch (Athame) oder Schwert Das zweischneidige Ritualmesser oder wahlweise ein Schwert wird unter Hexen auch Athame genannt. Mit ihm zieht man u. a. den magischen Kreis und fokussiert seine Gedankenkraft auf das Ziel. Die Athame wird benutzt, um bestimmte Heilkräuter zu schneiden oder um in Ritualen eine Verbindung symbolisch zu durchtrennen. Einige Hexen tragen eine so genannte Mondsichel – ein sichelförmiges Messer, das dem Halbmond ähnelt. Mit der Innenseite werden die Kräuter geschnitten und mit der Außenseite zerkleinert. Der Dolch ist dem Element Luft zugeordnet, steht für den Intellekt (ein messerscharfer Verstand) und hat seinen Platz im Osten des Altars. Die eigene Herstellung ist schwierig – außer Sie kennen einen Schmied, der Ihnen Ihre persönliche Athame anfertigt. Einfacher ist es, sich einen Dolch in einem Fachgeschäft für Hexenzubehör oder auf einem Mittelaltermarkt zu besorgen.

(Zauber-)Stab Der Stab der Hexen ist oftmals aus Holz von einem Holunder- (Göttin Holla) oder Haselnussstrauch gefertigt. Er symbolisiert die feurige Energie und Entschlossenheit. Mit ihm wird magische Willenskraft in eine Handlung hineingeleitet oder auch der Schutzkreis gezogen. Der Stab sollte nicht zu kurz sein; ich empfehle eine Länge von 30 bis 40 Zentimeter. Schmücken Sie ihn liebevoll und aufwändig mit Steinen, Federn oder Knochen, um seine Symbol- und Strahlkraft noch zu verstärken. Den Stab sollten Sie möglichst eigenhändig herstellen, da die Kraft dieses magischen Werkzeugs dadurch wesentlich erhöht wird. Nehmen Sie sich die Zeit und gehen Sie in die freie Natur; selbst Stadthexen haben eigentlich immer einen Park oder eine andere gut erreichbare Grünfläche in der Nähe.

Sehen Sie sich um und lassen Sie sich von Ihrer Intuition führen. Reißen Sie aber nicht wild einfach irgendeinen Ast vom Baum ab, sondern fühlen Sie erst, ob der gewünschte Ast

kalt bleibt, dann dürfen Sie ihn nehmen. Wird er allerdings unter Ihren Händen warm, fließt noch die Energie des ganzen Baumes durch ihn, und er bleibt Ihnen verwehrt. Der Stab verdeutlicht die Kraft des Willens und das Element Feuer. Sein Platz ist im Süden des Altars.

Ritualkelch Der Kelch ist Sinnbild für die Energie des Wassers und steht somit in direkter Verbindung mit unserer Intuition, den Ahnungen und unserem Gefühlsbereich. Er symbolisiert den Schoß der Göttin, wird so zum Gefäß unserer Empfindungen und Instinkte und kann für alle Themen eingesetzt werden, die damit zusammenhängen. Man kann in dem Kelch auch Talismane durch das Element Wasser weihen. Rotwein oder auch rote Säfte werden in ihn gefüllt. Er wird oft und gerne bei Gruppenritualen verwendet. Der Kelch steht im Westen des Altars und kann aus verschiedenen Materialien bestehen, wie etwa Glas, Messing oder Silber. Sind Sie begabt, mit Ton zu arbeiten? Dann töpfern Sie sich Ihren eigenen Kelch! Andernfalls können Sie sehr schöne Kelche in verschiedenen Größen in »Maggie's Hexentruhe« oder anderen Hexengeschäften erwerben.

Pentakel Das Pentakel ist Symbol für die Materie im Allgemeinen, für den Körper und materiellen Besitz. Ein Pentakel ist ein scheibenförmiger Gegenstand, auf dem in der Regel ein Pentagramm abgebildet ist. Dies kann eine Holzscheibe mit Pentagramm, ein Amulett, ein Teller (z. B. aus Ton, Messing oder Kupfer) oder eine Schale mit einem eingezeichneten Pentagramm sein. Bei Gruppenritualen werden Kuchen oder das Ritualbrot darauf gereicht. Das Pentakel repräsentiert die Verwirklichungskraft des Elements Erde und liegt im Norden des Altars. Die Scheibe sollte ca. fünf bis zehn Zentimeter Durchmesser haben. Auf dem Pentakel werden auch die Opfergaben – in Form von Früchten, Kuchen oder Blumen – an die Göttlichkeit dargebracht.

Was man sonst noch braucht für das Zauberwirken

Wenn ich ein Ritual praktiziere, liebe ich es, viel Aufwand darum zu betreiben und den Altar besonders schön oder mystisch zu gestalten. Zum einen natürlich mit den oben genannten klassischen Ritualgegenständen Dolch, Stab, Kelch und Pentakel, aber das wäre schon sehr dürftig und würde mir für ein feierliches Ritual nicht ausreichen. Folgende Dinge dürfen bei mir nicht fehlen:

- Frische Blumen oder andere Pflanzen
- Magische Öle, eine Duftlampe, in die ich die magischen Öle einträufle
- Räucherwerk, wie z. B. Reinigungs-, Liebeszauber-, Erfolgs- oder Schutzräucherung etc.
- Räucherkohle, Feuerzeug oder besser noch Zündhölzer

- Mörser, um das Räucherwerk, falls gewünscht, zu zerkleinern
- Ein wunderschöner Hexenkessel, in den ich die Räucherung streue und fasziniert den aufsteigenden duftenden Rauch beobachte, der seltsam anmutende Wesen wie aus sich selbst entstehen lässt
- Durchgefärbte Stabkerzen, spezielle Glas- oder Figurenkerzen und dazu immer auch weiße Kerzen
- Pergamentpapier, um meine Wunschziele konkret niederzuschreiben, samt Federhalter und entsprechender magischer Tinte (Tauben-, Drachen- oder Fledermausbluttinte)
- Eine Göttinfigur und ein Gargoyle (Dämonenbanner), die mich während der magischen Arbeit schützen und stärken
- Eine Rassel, die mir dabei hilft, mich leichter und schneller in den notwendigen Trancezustand zu versetzen
- Spezielle Kräuter, in denen die Kerze gewälzt oder mit denen sie umstreut wird
- Entsprechend dem Ritualziel sollten sich Schnüre, Schere, Steine, Wurzeln, Stoffe, Nadeln, Erde, Salz, Münzen, Formwachs, Rasierklingen, Haare, Bilder, Fremdfingernägel, eigene Fingernägel (die kann man sich, falls passend, auch während des Rituals abschneiden), Pendel, Karten, eine Kristallkugel oder ein schwarzer Spiegel auf dem Altar befinden.
- Als Vorsichtsmaßnahme für den Brandschutz eine Schale mit Wasser, außerdem eine feuerfeste Platte, um die entsprechende Kerzenfigur darauf zu stellen
- Was nicht fehlen sollte, ist auch das so genannte Buch der Schatten, das Hexentagebuch, in dem das Ritual samt Ablauf sowie sämtliche Erfahrungen, Träume oder Kartendeutungen aufgezeichnet werden.

Die vier Elemente in der Magie

In der Magie arbeiten viele Hexen mit der Kraft der vier Elemente Luft, Feuer, Wasser, Erde. Sie haben mehrere Funktionen und Bedeutungen:

Luft Gedanken, Ideen, Pläne, Vermittlung, Kreativität, Inspiration

Feuer Wille, Kraft und erster Schritt, Antrieb, Wärme, Begeisterung

Wasser Empfangen, Reflektieren, Anpassen, Intuition, emotionale Wahrnehmung

Erde Haltgebend, befruchtend, nährend, Basis, konkreter Rahmen, Beständigkeit, Ausdruck des Realen

Machen Sie sich diese Symbolik bei Ihren rituellen Handlungen stets bewusst – dies steigert den Erfolg der magischen Arbeit.

Die Zauberkraft stärken

Ich arbeite immer mit der Kraft der vier Elemente, da jedes Element seine ihm eigene Macht in das Ritual einbringt und mich damit unterstützt.

Das Element Luft symbolisiert die Klarheit der Gedanken, die ich brauche, um mein Ritualziel zu konkretisieren. Dafür verwende ich eine Räucherung, die eine neutrale, klare und konzentrierte Energie verströmt.

Das Element Feuer wird durch die Flamme einer Kerze, in der entsprechenden Ritualfarbe, veranschaulicht. Dies ist das Feuer der Begeisterung, der Leidenschaft und meines Willens, was meinem Ritual die nötige Kraft schenkt. Zudem hilft mir die helle Flamme einer Kerze, mich besser auf mein Ritualziel zu konzentrieren.

Das Element Wasser stärkt meine Intuition und den Gefühlsbereich, damit meine Emotionen in die Wunschrichtung gelenkt werden. Dafür nutze ich gerne die Kraft magischer Öle, da deren wunderbarer Duft mich zusätzlich stimuliert und in magische Trance versetzt.

Im Element Erde finde ich die Manifestation meines Wunschziels wieder. Deswegen nutze ich die Kraft der Wurzeln, Steine, Amulette oder anderer Talismane. Sie erinnern mich stets daran, dass mein Wunsch in Erfüllung geht, konkret und greifbar wird. Diese Kraft der Erde, z. B. in Form einer Wurzel, trage ich

ständig bei mir, um meine Konsequenz und Ausdauer zu bewahren, so lange an meinem Ziel festzuhalten, bis es Realität geworden ist. Sie ist mir Hilfe und Stütze in Zeiten, zu denen ich von Zweifeln geplagt bin und zu schwanken beginne.

Luft – Räucherungen, Kräuter

Von jeher nutzen Zauberkundige und Heiler die unglaubliche Kraft der Pflanzen. Sie betrachteten sie als beseelte Wesen, denen magisch-essenzielle Kraft innewohnt, die somit einen entsprechenden Einfluss auf Körper, Geist und Seele des Menschen hat.

Schon seit der Antike werden Düfte folgendermaßen eingeteilt:

- Aromatische, wohlriechende Düfte sind zum Gefallen der Götter gedacht und stimmen sie gnädig.
- Stinkende Gerüche werden immer der negativen Seite zugeordnet. Ideal zum Bannen, Verfluchen oder um allgemein böse Geister auszutreiben.

Die Räucherung, eine der ältesten magischen Praktiken der Menschheit, stellt den ersten Kontakt zur Göttlichkeit her.

Als der Mensch das Feuer entdeckte und es zu seinem Vorteil nutzen konnte, kam er rasch dahinter, dass spezielle Düfte aufstiegen, wenn er bestimmte Hölzer oder Kräuter in die Glut warf. Diese Düfte wiederum empfand er als angenehm oder unangenehm, anregend oder beruhigend. Mit der Zeit erkannte der Mensch, dass Düften eine regelrecht körperlich-seelisch spürbare Wirkung innewohnt, die verschiedene Stimmungszustände hervorrufen kann. So begann er, diese in verschiedenen Handlungen oder Ritualen einzusetzen.

Inzwischen findet der Gebrauch von Räucherstoffen weltweit medizinische, magische und religiöse Verwendung. Seherinnen, Hexen, Heiler, Schamanen und Priester bedienen sich von jeher dieses wirksamen Mittels. Auch in allen großen Weltreligionen, wie beispielsweise im Christentum, Buddhismus oder Islam, ist der Gebrauch von Räucherstoffen ein fester traditioneller Bestandteil. Während jeder Zeremonie werden spezielle Harze, Kräuter und Hölzer verbrannt, die genau auf den entsprechenden Ritus abgestimmt sind.

So räuchert man bei einem Ritual

- Sie beginnen mit einer Reinigungsräucherung, um den Ritualplatz von allen negativen und störenden Einflüssen zu reinigen und diese zu neutralisieren.
- Dann erfolgt eine Schutzräucherung, um einen Schutz- und Kraftkegel um den magisch Praktizierenden aufzubauen, der ihm dazu dient, die Energien in diesem Schutzkreis zu verstärken und zu potenzieren.
- Für die eigentliche magische Zeremonie wird eine Ritualräucherung verwendet; diese wird auf das Wunschziel des Rituals, das man praktizieren möchte, abgestimmt (Liebeszauber, Heilungsräucherung, Geldräucherung etc.). Dadurch wird Ihre Konzentrations- und Visualisationskraft maßgeblich gesteigert, und Sie sind bereit, sich für den Energiefluss der Göttlichkeit zu öffnen.
- Abschließend räuchern Sie wieder eine Reinigungs- und eventuell eine Erdungsmischung, um die aufgebauten Energien wieder zu neutralisieren und zu entlassen.

Was bringt das Räuchern?

- Das Verbrennen von Räucherwerk kann uns während einer magischen Handlung gezielt in eine Art Trancezustand versetzen, um so schneller in Kontakt zur Göttlichkeit oder anderen Wesenheiten zu treten.
- Auch dient das Räuchern dazu, die Meditation zu unterstützen und dadurch den Zugang zum eigenen Unterbewusstsein, zur Intuition zu finden und das spirituelle Wachstum zu fördern.
- Bei Ritualen wird geräuchert, um Verbindung zu Verstorbenen aufzunehmen oder negative Energien (Flüche) zu bannen; aber auch, um Sterbenden den Übergang zum Jenseits zu erleichtern.
- Die Einwirkung bestimmter Düfte macht es möglich, positiven Einfluss auf die Stimmung zu nehmen, diese aufzuhellen, oder eine ganz bestimmte medizinische oder therapeutische Wirkung zu erzielen, wie z. B. bei der Aromatherapie.
- Um die eigene Attraktivität zu erhöhen, werden süße oder blumige Düfte geräuchert, wie z. B. Styrax, Rosenweihrauch, Ambra, um Körper und Kleidung damit zu beduften. Dadurch kann beispielsweise die Liebe des ersehnten Partners schneller und leichter zu entfachen sein.
- Nach einem Streit, einer Krankheit oder einem unangenehmen Besuch sollten Sie Ihr Heim gründlich ausräuchern. Auf diese Weise werden sämtliche schlechten Schwingungen wieder vertrieben oder neutralisiert und eine friedliche und harmonische Atmosphäre in Heim und Familie erzeugt.
- Räucherwerk reinigt ebenso Körper, Geist und Seele. Ätherische Düfte, z. B. Kampfer, haben einen unterstützenden und heilenden Effekt, da diese auch reinigend und keimtötend wirken. So wurden Kranke oder »Besessene« früher mit aromatischen Düften beräuchert, um die Krankheit oder den Teufel auszutreiben. In Pestzeiten wurde in Europa eine Mischung aus Schwefel, Weihrauch, Hopfen und Pfeffer geräuchert, um der Fäulnis zu trotzen.
- Wenn Sie ein Haus oder eine Wohnung neu beziehen, empfehle ich, den gesamten Wohnbereich mit einer Reinigungsräucherung auszuräuchern. Damit verhindern Sie, dass eventuelle Altlasten und negative Schwingungen der Vorbesitzer im Raum bleiben.

◎ Räucherwerk eignet sich hervorragend als Opfergabe für die Göttlichkeit sowie für den entsprechenden Planeten, der magisch genutzt werden soll, z. B. Venus bei Geld und Liebesritualen.

Feuer – Kerzen

Feuer bzw. Kerzen spielten in der Geschichte der Menschheit und der Magie immer schon eine wesentliche Rolle. Sie stehen für das Element Feuer und die Himmelsrichtung Süden. Ihre Flamme spendet Licht und Wärme, und im Feuerelement wohnen auch besonders unterstützende Feuergeister.
Die Tradition, ein Licht zu entzünden, kennen wir vom eigenen Geburtstagsfest, vom ersten Rendezvous, vom Weihnachtsfest und ganz besonders zum Gedenken an unsere Verstorbenen. Hier symbolisiert die Flamme ein Zeichen der Hoffnung und des ewigen Kreislaufs von Werden und Vergehen.
In der Magie werden Kerzen genutzt:

◎ Als Konzentrationshilfe, um die Gedanken zu fokussieren und auf das erwünschte Ziel und Resultat zu richten
◎ Als Zeichen des Feuers der Begeisterung für ein Anliegen, ein Wunschziel
◎ Um für einen bestimmten Wunsch die Energien zu bündeln

Welche Kerzenfarbe wählen?

Kerzen werden als die wichtigste Grundlage für alle magischen Rituale verwendet. Auch hier sind wiederum Farbentsprechungen zu beachten:

Blau Schenkt Weisheit, Harmonie, inneres Licht oder Frieden, Gesundheit, lässt einem Wahrheit und Führung zuteil werden
Gelb Stärkt Selbstachtung, Vorstellungskraft und Konzentration, Redegewandtheit, für Schutz auf Reisen
Grün Bringt Wohlstand, Fruchtbarkeit, Erfolg, Ausgleich, stimuliert Rituale für Glück, Geld, Frieden und Harmonie
Rot Fördert Liebe, Leidenschaft, Sexualität, Kraft, Mut, Willensstärke, Durchsetzungsvermögen, Selbstvertrauen und Charisma
Schwarz Zum Bannen von negativen Energien und Einflüssen, jedoch auch zum Verfluchen sowie zum Anziehen von Glück

Violett Schenkt Inspiration, Kreativität; hilft, Kontakte zur anderen, spirituellen Welt herzustellen; fördert künstlerisches Talent und Schönheitssinn
Weiß Steht für spirituelle Erleuchtung, Reinigung, Hellsehen, Klarheit, Heilung, Wahrheitsfindung; kann auch als Ersatz für jede andere Farbe eingesetzt werden
Zu beachten Wählen Sie stets die Kerzenfarbe, die Ihrem Ritualziel entspricht. Achtung: Arbeiten Sie nach Möglichkeit nur mit durchgefärbten Kerzen. Sollten Sie allerdings zu einem bestimmten Zeitpunkt unglaubliche Lust auf

ein Ritual verspüren, aber keine passende Kerze zu Hause haben, können Sie alternativ eine weiße Kerze nehmen. Denn eine weiße Kerze beinhaltet alle Farben des Spektrums – außer Schwarz – in sich und kann daher notfalls als Ersatz dienen.

Wasser – magische Öle

Schon die Königin von Saba wusste um die magische Kraft duftender Öle. Deshalb war es kein Zufall, dass sie sich, auf diese buchstäblich zauberhafte Weise, die Gunst des weisen Königs Salomon erwerben konnte.
Besonders in der östlichen Welt ist der Gebrauch von Duftölen schon seit Jahrtausenden gang und gäbe. Aus einem einfachen Grund: Eine Vielzahl spezieller Harze und Kräuter mit ätherischen Ölen und besonderen Rinden sind in diesen Gegenden beheimatet. Öle werden aus ölhaltigen Samenkapseln, Blüten oder Hölzern gewonnen.
In der Hexenarbeit stehen Öle für das Element Wasser und die Himmelsrichtung Westen. Die Verwendung der duftenden Öle ist eine ideale Möglichkeit, um schneller in Kontakt mit der eigenen und der göttlichen Kraft zu kommen. Gleichzeitig wird durch den Duft die Psyche stimuliert und dadurch das gewünschte Ergebnis leichter und schneller erreicht.
Dieses Wissen um die Macht der Düfte, die direkt durch die Nase auf unser Zentralnervensystem wirken, sollte man sich auch in der Magie zunutze machen. Also: immer der Nase nach!
Das Salben mit duftenden Flüssigkeiten oder Cremes war und ist bis in die heutige Zeit eine bedeutungsvolle ritualmagische Handlung. Nur ein Beispiel hierfür: Könige, aber auch hoch gestellte Persönlichkeiten oder Priester wurden, als Zeichen für ihre Besonderheit, mit einzigartigen Essenzen gesalbt.

Anwendungsgebiete von magischen Ölen

Folgendes können Öle bewirken:

- Ätherische Öle werden statt eines Parfüms angewendet, z. B. in Liebesangelegenheiten, für Behördenwege, Prüfungen, Erfolg im Beruf, Steigerung der eigenen magischen Kräfte, Gesundheit etc. Sie wirken stärkend auf die Psyche; dadurch fällt es leichter, seinen Wünschen sehr viel mehr Nachdruck zu verleihen.
- Ritualöle werden in Verbindung mit Kerzenritualen verwendet, um die Wirkung noch zu verstärken. Die Kerzen werden mit dem entsprechenden Öl eingestrichen; dadurch verbindet sich das heiße Wachs mit dem Öl, und der Duft setzt wiederum spezielle Energien frei. Das Unterbewusstsein wird stimuliert, das die Quelle unserer magischen Kraft ist. Auf diese Weise wird ebenfalls der erfolgreiche Ausgang eines Rituals maßgeblich gefördert.
- Zusätzlich werden Amulette, Wurzeln, Steine oder andere Talismane positiv aufgeladen, indem man die Öle auf die entsprechenden Glücksbringer streicht.
- Ebenso können sie als Unterstützung in die Duftlampe geträufelt oder im warmen Badewasser (mit etwas Sahne als Emulgator) verwendet werden.
- Bei vielen Ritualen wird der Wunsch auf Pergamentpapier oder Ziegenhaut mit spezieller Tinte, wie z. B. Tauben-, Drachen- oder Fledermausbluttinte, geschrieben. Um die magische

Energie zu erhöhen, werden die Öle zusätzlich auf das Papier oder die Haut aufgetragen.

- Um geistigen Kontakt mit einer anderen Person herzustellen, wird das Ritualöl z. B. auf die Handinnenflächen gestrichen. Sobald der entsprechenden Person die Hand gereicht wird, ist das magische Band gefestigt. Dies ist besonders von Vorteil bei allen wichtigen Terminen oder Gesprächen, bei denen man ein spezielles Anliegen hat – Vorstellungstermin, Bankgeschäft, Vorsprache beim Chef oder Festigung der Beziehung etc.

Erde – Wurzeln

In der Hexentradition verdeutlicht die Manifestation des Ziels das Element Erde, wie z. B. in Form einer Wurzel, eines Amuletts oder eines Steins. Somit wird der Träger immer daran erinnert, an seinem Wunschziel festzuhalten.

Wurzeln sind von jeher sehr eng mit der Hexentradition verbunden. Aber auch in den meisten anderen Kulturen der Erde sind sie in magischen und sonstigen rituellen Praktiken ein fester Bestandteil.

Vielen Wurzeln wohnt auch aus medizinischer Sicht eine starke Heilkraft inne, und sie werden seit Jahrhunderten in der traditionellen Heilkunde bei den unterschiedlichsten Krankheiten und Beschwerden angewendet.

Kraft aus dem Verborgenen schöpfen

Wurzeln als magische Helfer unterstützen bei der Hexenarbeit, da sie nicht nur direkt durch Salben oder orale Einnahme, sondern ebenfalls stark auf unseren feinstofflichen Körper Wirkungen haben. Wie auch die Bach-Blüten beeinflussen sie durch eine spezielle Schwingung unser innerpersönliches Energiefeld, dringen sanft in unsere Aura ein und reharmonisieren diese. Sie kommen direkt aus dem Leib der großen Mutter, dem dunklen, geheimnisvollen Erdreich.

Wurzeln beeindrucken durch ihre zum Teil sehr bizarren Formen und können meiner Erfahrung nach in der magischen Arbeit hervorragend genutzt werden. Die Kraft einer Wurzel wirkt bei einem Ritual wie eine Verstärkung, um so die magische Wirkung noch zu steigern. Ebenso dient sie als sinnlich wahrnehmbare Erinnerung daran, dass sich mein Wunschziel verwirklichen wird.

Wurzeln können mit Wünschen und Bitten besprochen und bei sich getragen, gerieben und als Räucherung verwendet werden, mit magischen Ölen eingestrichen oder dem Essen beigefügt werden – außer natürlich solche Wurzeln mit giftigen Inhaltsstoffen, wie beispielsweise die Alraune!

Steigern Sie also die Wirkung Ihres Rituals durch die Kraft des Elements Erde: »Erdkraft, die in der Wurzel liegt.«

Amulette

Amulette und Talismane begleiten die Menschheit schon seit Anbeginn. Kein Wunder, handelt es sich bei diesen um universelle Kraftspender, denen eine – je nach Symbol – ganz besondere Kraft innewohnt. Deshalb werden sie mit Respekt behandelt und für magische Zwecke wirksam eingesetzt. Amulette stehen in der magischen Arbeit ebenfalls für das Element Erde. Sie wirken stärkend auf den Träger und erinnern ihn daran, dass sich die losgeschickte Wunschenergie manifestiert.

Warum tragen Menschen Amulette?

Ursprünglich als Schutz- und Glücksbringer genutzt, wurden Amulette zunehmend als Verstärker für Bitten an die Göttlichkeit gebraucht. Auch die Wissenschaft bestätigt, dass von gewissen Symbolen eine fast messbare Kraft ausgeht, die auf den Träger einwirkt.

Unterstützung und Stärkung

Ohne Zweifel: Symbole besitzen Kraft! Nicht von ungefähr trugen vor allem Herrscher und die Priesterschaft oftmals edel gearbeitete Amulette. Die magische Kraft der Symbolik wirkt direkt auf den Träger. Dieser übt durch seinen gestärkten und veränderten Seelenzustand Einfluss auf sein komplettes Umfeld aus,

wodurch sich dieses zu seinen Gunsten verändert. Jedoch ist es wichtig, das Amulett durch eine Weihe zu aktivieren, damit dieses vom Schmuckstück zum magischen Helfer wird. Das bedeutet: mit der Bitte, dem Herzenswunsch besprechen und dem Amulett somit magisches Leben einhauchen. Diese Energie ist es schließlich, die ein Amulett mit dieser fast körperlich spürbaren Kraft versieht. Diese Macht ist es, die wiederum als Katalysator auf den Träger wirkt.
Kurz gesagt: Amulette unterstützen uns wirkungsvoll bei unseren Wünschen und Vorhaben. Dadurch wird so manche Hürde leichter überwunden und der Weg zum persönlichen Glück geebnet.

Der astromagische Zeitpunkt

Jede Zeit besitzt eine ganz bestimmte Qualität, die magisch effektiv genutzt werden sollte. Der weise König Salomon, der selbst astrologische Kenntnisse besessen haben soll, formulierte es so: »Jedes Ding unter dem Himmel kennt seine Stunde.«
Von jeher werden für magische Rituale der jeweilige Mondstand sowie besondere Planetenkonstellationen mitberücksichtigt.

Der Mond als magischer Helfer

Der Mond gilt als das magische Gestirn schlechthin. Während seines Umlaufs um die Erde in rund 29 ½ Tagen weilt er durchschnittlich zweieinhalb Tage in einem der zwölf Sternzeichen. Diese Transitphasen durch die Sternzeichen prägen das »Tagesklima«. Befindet sich der Mond beispielsweise im Widder, dann herrscht eine energische Atmosphäre, die besonders gut etwa zur Steigerung von Liebesritualen ist.

Die vier Phasen des Mondes

- Zunehmender Mond
- Vollmondzeit
- Abnehmende Mondphase
- Neu- oder Schwarzmond

Grundlegende magische Mondregeln

Die Wirkung des Mondes ist unbestreitbar. Jeder kennt das Phänomen des Wetterwechsels zu Vollmond. Und so besitzt jede Mondphase ihre ganz eigene Ausstrahlung und Wirkung. Wer den Mond magisch nutzen will – im Sinne eines »Wirkungskatalysators« –, tut gut daran, einige grundlegende Regeln zu beachten:

- Die zunehmende Mondphase eignet sich für alles, was wachsen, sich ausdehnen, sich vermehren und buchstäblich zunehmen soll. Das kann ein Mehr an persönlicher Ausstrahlung sein, ein Plus an Geld, mehr Glück, Liebe oder Gesundheit. Ebenso ideal für Schutzrituale, da schneller Schutzenergie aufgebaut wird.
- Zur Vollmondzeit herrscht eine äußerst konzentrierte, aber auch zum Bersten gespannte Energie, die je nach Tierkreiszeichen, in dem der Mond steht, einen entsprechenden Ausdruck findet. So kann der Vollmond bestens für Rituale genutzt werden, die eine besondere Intensität erfordern. Damit ist der Vollmond ideal für Wunscherfüllungsrituale, Anrufungs- und Dankesrituale für die Göttin, Rituale für mehr Spiritualität und zur Förderung der Hellsicht sowie Fruchtbarkeitsrituale. Nicht zuletzt stellt die Vollmondnacht einen günstigen Zeitpunkt dar, um ein Ritual abzuschließen, das vor der Vollmondphase begonnen wurde.
- Der abnehmende Mond dient allen magischen Handlungen, in denen es um Loslassen, Bannen von negativen Energien und überhaupt um Verminderungen geht. Kurz gesagt, nimmt mit dem abnehmenden Mond auch all das ab, was man zur entsprechenden Mondzeichenphase magisch thematisiert und beabsichtigt. Geht es etwa um das Vorhaben, sein Gewicht zu reduzieren, so wird man den größten Effekt erzielen, wenn der Mond in der Jungfrau abnehmend ist. Zu diesem Zeitpunkt sollte man seine Diät starten. Ärger, Kummer, Sorgen und Krankheiten können bei abnehmendem Mond erfolgreich bekämpft werden. Ebenso können zur abnehmenden Mondphase schlechte Angewohnheiten abgelegt oder Blockaden, z. B. Ängste aus der Vergangenheit, gelockert und durchbrochen werden.
- Die Neu- oder Schwarzmondphase unterstützt sämtliche zeremoniellen Vorhaben und Handlungen, in denen es um Formen des Neubeginns geht. Auf der anderen Seite fördert sie Trennungsrituale, aber auch Bannsprüche, ist ideal für den Ausspruch von Verfluchungen oder Verwünschungen. Ferner öffnet und erleichtert der Neumond den Kontakt zu jenseitigen Welten wie etwa der Sphäre der Verstorbenen und Geistwesen.

Wie wirkt der Mond auf die Hexenarbeit?

Die Alchemisten und Hexen des »mystischen« Mittelalters wussten sehr genau um die spezielle Wirkung der zwölf Mondkonstellationen für ihre magischen Vorhaben. Dieses »gefährliche«, als »Schwarzkunst« gebranntmarkte Wissen wurde zum Großteil nur mündlich überliefert; manches findet sich aber auch niedergeschrieben. Der magische Erfahrungswissensschatz erleichtert die persönliche rituelle Arbeit maßgeblich.

Das magische Gestirn

Hexen haben den Mond von jeher besonders beachtet, weil er das Gestirn der Magie schlechthin darstellt. Dies ist auch leicht nachvollziehbar, denn: Immerhin befindet sich der Mond in relativer Erdnähe; der Abstand beträgt ca. 350 000 Kilometer. Er besitzt deshalb eine nachweisliche Wirkung auf das Gravitationsfeld der Erde, wie das Ebbe-Flut-Phänomen. Das ist eine (astro-)physikalische Tatsache und keine Hexerei.

Ebenfalls Fakt ist, dass der weibliche Menstruationszyklus, der ca. 28 Tage umfasst, dem Umlauf des Mondes durch den gesamten Tierkreis entspricht. Nicht von ungefähr gilt der Erdtrabant deshalb als ein Regent des Weiblichen und verdient eigentlich die Bezeichnung »Mondin«.

Interessant ist auch die Tatsache, dass in nahezu allen Sprachen dieser Erde der Mond in einer weiblichen Form (z. B. ital. »la luna«, franz. »la lune«) und die Sonne (z. B. ital. »il sole«, franz. »le soleil«) in einer männlichen Form angesprochen und verehrt werden. Nur im germanischen Sprachraum ist es umgekehrt.

Das hat allerdings seinen guten Grund. In den skandinavischen Ländern, in denen die Menschen der langen, kalten Winterzeit widerstehen mussten, wurde die wachstumsfördernde wärmende Energie der Sonne mit dem Weiblichen verbunden. Hingegen wurde das kalte Licht des Mondes mit männlichen Attributen belegt. Im Allgemeinen richtete sich aber die germanische Zeitrechnung nach dem Mond und nicht nach der Sonne, wie das in der heutigen Zeit üblich ist.

Welches Mondzeichen für welches Ritual?

Während der Mond vor dem Fixsternband des Tierkreises dahinzieht, absorbiert er sozusagen die Energie des jeweiligen Zeichens und strahlt sie auf das Seelenkraftfeld jedes Menschen ab. Dies wird gemeinhin als individuelle Stimmung, als Seelenverfassung wahrgenommen. So kann etwa der Widder-Mond innerlich als antreibend und motivierend wahrgenommen werden, während ein Jungfrau-Mond eher kritisch und ordnungsliebend stimmt.

Magisch interessant ist, dass die Energie der Mondstände für entsprechende Zeremonien als »Katalysator«, als so genannter ritueller Beschleuniger, genutzt werden kann. Beispielsweise fördert und festigt ein Stier-Mond auf magische Weise alle finanziellen und materiellen Angelegenheiten, während er für geistig-visionäre Vorhaben, wie z. B. Zukunftsschau, weniger dienlich ist. Dafür gelten die Monddurchgänge durch die Zeichen Wassermann und Fische als besonders inspirierend

und intuitiv, was geradezu ideal für Visionär-Imaginatives ist.
Wer also um die Kraft der Mondstationen weiß, kann sein Ritual in die gewünschte Richtung beeinflussen, sodass nichts dem »blinden Zufall« überlassen bleibt. Erfahren Sie im Folgenden, welche speziellen Kräfte sich jeweils hinter den zwölf Mondzeichen verbergen – und wie sie magisch-rituelle Verwendung finden können.

Der Mond in den zwölf Zeichen

Mond im Widder

Eine feurig-aktive, heftige, schnelle, antreibende Energie ist bezeichnend für den Widder-Mond. Eine mitreißende Begeisterungskraft scheint die Luft zu durchpulsen. Starke Initiativ- und Tatkraft!
Bestens geeignet ist diese Mondphase für Zeremonien, die sich um das Thema Neuanfang drehen, wie beispielsweise ein Neuanfang in der Liebe oder ein beruflicher Neubeginn. Ideale Zeit, um Impulse zu setzen, d. h. erste Schritte in eine anvisierte Richtung zu tun. Gerade Menschen, die an einer schwachen Durchsetzungskraft und unter Ängsten leiden, sollten die das Ego puschende Kraft des Widder-Mondes nutzen.
Mondfalle Die ungezügelte Impulskraft des Widder-Mondes kann leicht zu Unbeherrschtheiten und Affekthandlungen führen. Diese hochenergetische Stimmung verleitet zu aggressiven, ungestümen und manchmal sogar zu riskanten Kopflosigkeiten.
Ritualfalle Ungeduld

Mond im Stier

Da die venusische Stier-Mondenergie eine fühlbar körperliche Sinnlichkeit verbreitet, dienen die Stier-Mondtage für jede Art von wohltuenden Maßnahmen, die Körper, Geist und Seele miteinbeziehen. In der Stier-Mondzeit können sich viele unterbewusste Wünsche regen, die nach Ausdruck verlangen. Beispielsweise das vermehrte Verlangen nach körperlicher Zuneigung und Nähe, aber auch nach Genussfreude in Form von Schlemmereien oder dem verstärkten Wunsch nach materiellem Besitz und Luxus. Insofern kann und sollte der Stier-Mond für magische Rituale genutzt werden, die sich um die Themen Geld, Sicherheit, Sinnlichkeit, Selbstwertgefühl und Wunscherfüllung drehen.
Mondfalle Der sinnliche Stier-Mond fördert leider auch Faulheit und Trägheiten, die höchst hemmend auf jede rituelle Handlung wirken können. Weiterhin kann er zu stierischen Sturheiten verleiten, das bedeutet, man verrennt sich und rückt nicht ab von seinen Meinungen oder seinen Vorhaben, was bis zur Stagnation führen kann.
Ritualfalle Erwartungsfixierung

Mond in den Zwillingen

Der Zwillinge-Mond zeichnet sich aus durch eine quirlige und heiter-beschwingte Atmosphäre, die den Geist beflügelt und öffnet. Es fällt an diesen Tagen besonders leicht, Ideen zu entwickeln und seine Kreativität zu nutzen. Somit wirkt diese Mondqualität wie ein »Mentalkatalysator«, der sich für jede Art von Gedanken- und Konzeptentwicklung (Brainstorming) eignet.

Ideal ist diese Mondphase also für alle Kreativitäts- und Jobrituale, zum Lernen, aber auch für Partnerrituale, in denen es um das Finden neuer Wege und Denkmuster geht. Beste Zeit für Klärungsgespräche, Versöhnungen in der Familie, Geschäftsverhandlungen, kurze Reisen, Recherchen etc.

Mondfalle Der schnelllebige Zwillinge-Mond kann leicht zerstreuend wirken und provoziert daher allerlei Gedankenlosigkeiten und Flatterhaftigkeiten. Durch die starke mentale Zerrissenheit kann man deutlich dazu neigen, jede Entscheidung oder Handlung infrage zu stellen. Außerdem können übermäßige Selbstzweifel zu schaffen machen.

Ritualfalle Zweifel

Mond im Krebs

In diesem Wasserzeichen offenbart der Mond seine größte Wirkung und Strahlkraft. Selbst in seiner abnehmenden Phase rührt der Krebs-Mond intensiv an den Emotionen, da er das Sternzeichen regiert. Auf diese Weise wirkt diese Energie wie ein Öffner der eigenen Psyche und Verstärker seelischer Kräfte.

Magisch förderlich sind die psychischen Krebs-Mondkräfte für alle Arten von Wunscherfüllungsritualen, besonders bei Kinderwunsch! Aber auch für künstlerische Aktivitäten, wie z. B. Musizieren, Aquarellieren. Gerade zu Krebs-Mondzeiten kann man sehr gut auf eine ehrliche Art seine Gefühle einer geliebten Person darlegen, wie beispielsweise mit dem Schreiben eines Liebesbriefs.

Mondfalle Der Krebs-Mond verleitet zu aufgepeitschten Emotionen und kann dadurch zu merklichen Stimmungsschwankungen sowie Wehleidig- und Rührseligkeiten führen. Diese Tagesqualität kann auch vorübergehende Seelenkrisen auslösen.

Ritualfalle Wankelmut

Mond im Löwen

Da dieser Mond sonnenregiert ist, steckt sehr viel Schöpferkraft in ihm. Ideal für jegliche Art von kreativen Prozessen, die bis zu einem gewissen Grad zur Selbstverwirklichung gereichen. Die Energie ist lebendig, sprühend und mitreißend. Egowünsche können stark in den Vordergrund drängen. Gute Zeit, um seine eigenen Vorstellungen und Vorhaben bewusst nach außen zu präsentieren, wie z. B. PR in eigener Sache zu betreiben oder mit einer Idee oder einem Projekt an die Öffentlichkeit zu treten. Überhaupt eignet sich diese Zeitqualität für sämtliche Öffentlichkeitsarbeit, wozu auch ein wenig Show gehören kann. Beste Zeit für Selbstdarstellungen jeglicher Art.

Magisch eignet sich diese Mondphase für Rituale, um die eigene Energie und das Selbstbewusstsein zu stärken oder die Ausstrahlung und das erotische Charisma zu erhöhen. Erotische Rituale zeigen zu Löwe-Mondzeiten eine deutliche Wirkung!

Mondfalle Dieser Mond verleitet zu jeder Form von Egomanie, wie Überheblichkeiten, Selbstherrlichkeiten – bis hin zum Größenwahn. Diese Zeit provoziert Vermessenheit und extreme Empfindlichkeit gegenüber Kritik.

Ritualfalle Selbstüberschätzung

Mond in der Jungfrau

Der Jungfrau-Mond hat einen vernunftmäßigen, rational-kühlen Anstrich. Das bedeutet: Es geht nicht um einen sinnlichen Ausdruck, sondern um praktische und ökonomische Abwägungen. Ideal also für Entscheidungsfindungsrituale. Darüber hinaus besitzt die Energie der Jungfrau-Mondphase einen starken Heilungsaspekt.

Die geradezu hygienisch nüchterne Energie dieser Mondphase eignet sich für sämtliche Entschlackungs- und Reinigungsprozesse, wie beispielsweise zum Beginnen einer Diät oder einer Fastenzeit, aber auch zum seelischen Reinigen (Überwinden schlechter Angewohnheiten oder Marotten).

Magisch förderlich ist der Jungfrau-Mond für sämtliche Rituale, in denen es um die Klärung und um die Neuordnung ganz persönlicher Angelegenheiten geht. Durch die stofflich physische Qualität dieses Mondes zeigen Heilungsrituale in dieser Zeit eine besonders starke Wirkung.

Mondfalle Der Jungfrau-Mond bringt einen Hang zur übermäßigen Kritiksucht und zu jeder Form von Kompliziertheit und Überbesorgtheit (man sieht überall Probleme lauern) mit sich. Er verleitet auch zur Nörgeligkeit und macht oftmals überängstlich oder übervorsichtig.

Ritualfalle Zwanghaftigkeit

Mond in der Waage

Diese Mondenergie ist in erster Linie auf friedlich-harmonischen Energieaustausch bedacht. Der Waage-Mond hat eine feinsinnige und vor allem sinnliche Note, die alles Schöne, Angenehme, Liebliche und Vergnügliche in den Vordergrund stellt. Diplomatie und Beziehungsthemen sind angesprochen.

Magisch dient der versöhnlich stimmende Waage-Mond besonders bei Liebes- und Partnerritualen. Nicht zuletzt steht dieser venusische Mond ebenso für Rechtsprechung und Anwaltsthemen. Gerade Menschen, die innerlich unausgeglichen sind und nach Harmonisierung und Balance streben, sollten diese Zeitqualität magisch nutzen. Alles, was mit dem Thema Schönheit, Ausgleich und Wohlfühlen zu tun hat, unterstützt dieser Mond. Entdecken Sie in dieser Mondphase Ihre eigene innere und äußere Schönheit.

Mondfalle Die größte Gefahr dieses immer auf Schönheit bedachten Mondes ist die Unentschlossenheit und Eitelkeit. Auch Lustlosigkeit oder Gleichgültigkeit können Fallen darstellen, die für die rituelle Arbeit ausgesprochen abträglich sind.

Ritualfalle Nachlässigkeit

Mond im Skorpion

Auf magischer Ebene dient der Skorpion-Mond hervorragend für Sexualrituale, wie beispielsweise der Steigerung der Liebeskraft sowie der erotischen Leidenschaft. Der Skorpion-Mond vermittelt einen besonders nachhaltigen Zugang zum Unterbewussten; deshalb ist es an diesen Tagen leicht, zu seinen tiefsten Wünschen oder Sehnsüchten der Seele vorzudringen.

Ebenso fördert dieser intensiv leidenschaftliche Mond eine beachtliche, aber sehr subtile emotionale Schubkraft. Wer schwarzmagisch arbeiten will, kann den Skorpion-Mond für Trennungsrituale nutzen, aber auch, um magische Verwünschungen auszusprechen. Wer selbst Opfer eines magischen Angriffs ist, sollte den Skorpion-Mond für einen Abwehr- und Bannzauber nutzen! Dieser an den verborgenen Schichten der Seele rührende Mond erleichtert intuitive Prozesse und fördert Ahnungen, öffnet den Blick für das Verborgene.

Mondfalle An Skorpion-Tagen können sich verborgene negative Regungen der Seele, wie heimlicher Groll oder schwelende Wut, affektiv steigen, was allerlei emotionale Überreaktionen und selbstzerstörerisches Verhalten heraufbeschwören kann. Misstrauen wird gefördert, ebenso ständiges Lauern oder ein Gefühl der Bedrohung.

Ritualfalle Zu hoher Machtanspruch

Mond im Schützen

Der Schütze-Mond verbreitet ein Klima von Optimismus, Weite und Zuversicht, was für jede Art von persönlichen Expansionswünschen sehr unterstützend wirkt. Diese Zeitqualität stärkt den Glauben an sich selbst und seine eigenen Möglichkeiten. Dies ist also eine ausgezeichnete Phase, um neue Vorsätze zu fassen oder umzudenken und neue Ziele für sich zu definieren.

Magisch dient der Schütze-Mond bei Ritualen, bei denen ein guter Ausgang in juristischen Angelegenheiten angestrebt wird. Nicht zuletzt fördert diese Mondqualität die eigene Hellsicht und Visionskraft.

Ebenfalls wirkungsvoll im Schütze-Mond sind magische Zeremonien zur Selbstmotivation, für den Glauben an die eigene Kraft, Macht und Stärke.

Mondfalle Die Gefahr des Schütze-Mondes liegt darin, sich stets im Recht zu glauben. Eine massive Getriebenheit oder eine Überschätzung der eigenen Kräfte in Form von Aufgeblasenheit, Unmäßigkeit oder Überheblichkeit können einem zur Falle werden.

Ritualfalle Maßlosigkeit

Mond im Steinbock

Der Steinbock-Mond wirft ein hartes Licht auf Tatsachen, die manch einem schmerzlich erscheinen können. Nichtsdestotrotz hat man sich an diesen Tagen mit dem nüchternen Istzustand des Lebens auseinander zu setzen. Insofern wirkt diese Mondphase wie ein Bilanzmond, der uns dabei hilft zu erkennen, welche Fortschritte wir bereits gemacht haben und wo es Versäumnisse gibt. So gesehen wirkt der Steinbock-Mond klärend auf die Psyche.

Magisch dient diese Mondposition besonders bei Ritualen zum Finden und Setzen von neuen Strukturen, zum Erarbeiten von Lebenskonzepten, aber auch für eine Arbeitsvorbereitung. Möchten Sie eine Ihnen lästige Angewohnheit

(beispielsweise Naschsucht, Rauchen, Trinken) ablegen, sollten Sie diese disziplinierte und konzentrierte Mondqualität und Energie dafür nutzen.

Ebenfalls ideal sind in dieser Zeit Rituale zur Festigung der beruflichen Tätigkeit und Position und ganz besonders Rituale zur Förderung der eigenen Karriere. Außerdem bieten sich Schutz- und Bannrituale an, zumal der Steinbock-Mond von Haus aus bannend und abwehrend wirkt.

Mondfalle Der Steinbock-Mond hat auch deutlich schwermütige Tendenzen, die einen durchaus emotional »runterziehen« und sehr belasten können, was letztlich für ein Ritual ausgesprochen nachteilig ist. Weiterhin kann er einem verdrängte Ängste ins Bewusstsein rufen, was möglicherweise innere Blockaden auslöst. Auch das ist natürlich erfolgshemmend.
Ritualfalle Versagensängste

Mond im Wassermann

Der Wassermann-Mond wirkt mental stimulierend, was jede Form von Geistesarbeit begünstigt und erleichtert. Im Prinzip ist diese Phase unberechenbar, andererseits kann der Wassermann-Mond dabei helfen, längst fällige Neuerungen oder Veränderungen auch seelischer oder mentaler Art zu erleben. Nicht umsonst nennt man den Wassermann-Mond einen Aha-Mond, da er spontane Erkenntnisprozesse fördert. Rituell und magisch eignet sich der Wassermann-Mond vorzüglich für alles, was mit der Entwicklung und Förderung der eigenen Kreativität und Originalität zu tun hat. Speziell in diesen Zeiten ist die Intuitionskraft deutlich verstärkt.

Zudem unterstützt er jegliche Art von Experimenten, die eine völlig neue Weltsicht eröffnen können. Darüber hinaus fördert diese Zeitqualität sämtliche Neuanfänge, bricht mit alten Gewohnheiten oder verkrusteten Strukturen. Sie öffnet und regt den Geist für neue Blickrichtungen an.

Mondfalle In der schnellen und kreativ-chaotischen Kraft dieser Phase verbirgt sich eine kräftige Portion Unberechenbarkeit. An Wassermann-Mondtagen muss man immer damit rechnen, dass etwas völlig Unvorhergesehenes passieren kann, dass jemand oder etwas einem ganz massiv dazwischenfunkt!
Ritualfalle Chaos

Mond in den Fischen

Diese Mondqualität rührt an den tiefsten seelischen Schichten; deshalb wird hier besonders der sechste Sinn, der Blick hinter den Schleier angesprochen. Diese Phase eignet sich bestens für alle Arbeiten, die großes Einfühlungsvermögen und viel Sensitivität verlangen, wie beispielsweise musisch-künstlerische Tätigkeiten.

Der Fische-Mond dient bei Zeremonien zur Förderung der eigenen Hellsicht, Imagination, Fantasie und Visionskraft. An diesen Tagen ist die Vorstellungswelt sehr angeregt, greifbar plastisch, sodass besonders Wunscherfüllungsrituale und Visualisierungen stark gefördert werden.

Man kann den Fische-Mond aber auch bewusst für alle Rituale nutzen, die Verwirren, Vernebeln oder Auflösungen zum Inhalt haben. Wer also eine leidige Angelegenheit loswerden möchte, wie etwa eine stark hinderliche Leidenschaft, oder wünscht, dass eine Beziehung sich auflöst bzw. »im Sande verläuft«, ähnlich einem Trennungsritual, sollte den Fische-Mond für sein Ritual wählen.

Mondfalle Der Fische-Mond wirkt sehr zerstreuend, sodass die Konzentration schwer fällt in diesen Tagen; zugleich kann er körperlich ausgesprochen ermüdend wirken. Auf der psychischen Ebene fördert er Gleichgültigkeitsgefühle, die rituell hemmend sind.
Ritualfalle Unsicherheit

Grundlegende Rituale

Vorbereitung auf die magische Arbeit

Atemtechnik

Der Atem nimmt im Hexenglauben eine wichtige Stellung ein, da er das Tor zu den Mysterien öffnet und auch Kern jeder Form der Energiearbeit ist. Je offener und unverkrampfter der Körper und seine Energiebahnen sind, desto eher gelingt es, feinstoffliche Energien durch ihn hindurchzuleiten.

Energie pur

Wenn wir den freien Energiefluss und eine ganzheitliche Wahrnehmung wiederherstellen wollen, müssen wir unseren Atem und damit unseren Körper befreien.
Wenn Sie mit regelmäßiger und effektiver Atemarbeit beginnen, werden Sie früher oder später wahrscheinlich auf eine Blockade oder ein Hindernis stoßen. In diesem Fall versuchen Sie, nichts zu erzwingen, sondern atmen Sie ruhig und behutsam weiter. Lassen Sie die Gefühle, die in Ihnen aufsteigen, zu. Diese inneren Widerstände sind jene Energieblockaden, die es zu lösen gilt. Beginnen Sie damit, diese Blockade langsam wegzuatmen. Stückchen für Stückchen wird die Sperre durch das Ausatmen abgetragen und durch neuen, frischen Atem gereinigt. Da dies jedoch keine Sache von einigen Minuten ist, nehmen Sie sich ausreichend Zeit dafür. Es kann durchaus einige Wochen, wenn nicht sogar Monate, dauern, um eine lange aufgestaute Blockade vollständig aufzulösen. Diese Blockade ist ja auch nicht von einer Minute auf die andere entstanden.
Vergessen Sie jedoch nie die nötige Fürsorge, wenn Sie den Eindruck haben, mit Ihren aufsteigenden Gefühlen nicht fertig zu werden. Brechen Sie die Übung in diesem Fall ab und fahren Sie später wieder allein oder mit einer Person, die Ihnen im Notfall helfen kann, fort. Bedenken Sie, dass manche Dinge einfach ihre Zeit brauchen.

Wie entstehen Blockaden?

Blockaden sind das direkte Resultat von Verkrampfungen, die aus Angstgefühlen und schmerzhaften Erfahrungen entstehen. Es ist, als ob sich einem ein Ring aus kaltem Eisen um die Brust legt; dieses Gefühl stellt sich bei drohendem Unheil, Gefahr und Angst ein. Wer kennt das nicht aus eigener Erfahrung: beispielsweise während einer Prüfungssituation durch eine Redeblockade (es verschlägt mir die Sprache), oder der Partner kommt mit ernstem Gesicht und möchte eine Aussprache – und ein kalter Ring legt sich einem um die Brust.
Um besser mit Situationen wie diesen umgehen zu können, führen Sie möglichst täglich Übungen wie die folgende aus.

Atmen Sie sich frei!

Konzentrieren Sie sich auf Ihren Atem. Schließen Sie die Augen und saugen Sie ganz bewusst die Luft durch die Nase oder den Mund ein. Kraftvoll fließt der Atem in Ihre Lungenflügel, und Ihr Bauch beginnt, sich langsam zu weiten. Atmen Sie nun ganz bewusst in Ihren Bauch hinein, dem Zentrum der Kraft – und nicht nur in den Brustkorb. Verfolgen Sie in Gedanken den Weg, den der Geist des Lebens ungehindert durch Ihren Körper nimmt. Spüren Sie, wie er immer tiefer in Sie fließt, störende Hindernisse auflöst, wie er Ihren Brustkorb und die Rippen dehnt und bis zu Ihrem Rückgrat vorstößt, die Wirbelsäule umspielt und mit neuer Energie und Stärke versieht.

Atmen Sie tief und bewusst direkt in diese Körperpartien und lassen Sie den Atem dort einige Zeit verweilen und wirken. Stellen Sie sich nun vor, wie Ihr Atem an Ihrem Bauchnabel vorbei, Ihre Hüften entlang in Ihr Geschlecht fließt. Atmen Sie tief und bewusst. Dort am Wurzelpunkt der Triebe bauen sich durch die gezielte Atmung neue Lebensenergie und Lebenslust auf; der Atem gleitet weiter zu den Oberschenkeln. Dort tastet er sich langsam an den Knien vorbei und fließt über die Unterschenkel in Ihre Füße, bis zu Ihren Zehenspitzen hinab.

Fühlen Sie nun, wie der Atem Ihren ganzen Körper erfüllt. Atmen Sie ruhig und konzentriert weiter. Spüren Sie jetzt, wie frei Ihr Atem ist, wie er ungehindert durch Ihren Körper fließt? Sie selbst sind nun frei, spüren die Kraft und die Energie des Lebens durch Sie hindurchströmen ... Atmen Sie ganz ruhig und entspannt einige Minuten lang weiter und konzentrieren Sie sich auf das Schöne im Leben.

Beenden Sie nun langsam die Übung und öffnen Sie die Augen.

Meditation – wozu und wie?

Einfach gesprochen, handelt es sich bei einer Meditation um eine bewusste innere Sammlung, einer Art »seelischer Fokussierung«. Auf diese Weise kann man in einen Zustand der inneren Ruhe und tiefen Entspannung gelangen, die für die Konzentration auf das magisch anvisierte Ziel Voraussetzung ist. Durch die Meditation erhalten Sie die notwendige »Startenergie«, die Ihnen einen erfolgreichen Beginn der magischen Handlung verspricht.

Man unterscheidet grundsätzlich zwei Arten der Meditation. Bei der einen versucht man, möglichst an gar nichts zu denken, bei der anderen, einen bestimmten Gedankengang zu verfolgen. Es gibt natürlich noch weit mehr Meditationstechniken, doch die Grundausrichtung lässt sich stets auf diese beiden Methoden zurückführen. Eine entspannte Körperhaltung ist während der Meditation Voraussetzung. Daher ist es unsinnig, sich in eine bestimmte Haltung zu zwingen. Sitzen, liegen oder stehen Sie auf eine Weise, die Sie nicht anstrengt oder Ihnen sogar Schmerzen bereitet.

Wie schafft man es nun, länger in der Meditation zu bleiben oder sich besser zu konzentrieren? Übung macht den Meister! Also dadurch, dass Sie oft üben und ein Ziel vor Augen haben. Gerade in der Magie basiert vieles, wenn nicht alles, auf einer guten Konzentrationsarbeit. Natürlich ist das nicht ganz leicht. Darum möchte ich Sie motivieren, jetzt gleich mit folgenden Übungen zu beginnen. In Japan lernte ich durch eine liebe Freundin eine Technik kennen, die sie den Weg der Göttin oder die Mondatmung nannte.

Die Mondatmung

Diese Technik kann man überall üben und praktizieren, in der U-Bahn, im Flugzeug oder wenn Sie sonst irgendwo warten müssen. Sie ist ideal vor schwierigen Situationen, um sich zu sammeln und zu beruhigen. Vor allem ist diese Technik zu empfehlen, wenn Sie unter Schlafstörungen leiden. Diese Methode visualisiert die Mondphasen – zunehmender Mond, Vollmond, abnehmender Mond und Neumond. Versuchen Sie, sich möglichst lebhaft die silbrig schimmernde Scheibe des Mondes in den verschiedenen Phasen vorzustellen.

Beginnen Sie während des langsamen und fließenden Ein- und Ausatmens, leise jeweils bis vier zu zählen. Während Sie einatmen und dabei leise bis vier zählen, stellen Sie sich die zunehmende Mondphase vor: Der Mond wird von einer schmalen Sichel, deren Bauch nach rechts zeigt, immer breiter und voller, bis er schließlich zum Vollmond geworden ist. Hier halten Sie kurz beim Atmen inne, zählen in Gedanken bis drei und stellen sich dabei die volle Kraft des Mondes bildlich vor. Dann atmen Sie langsam aus und zählen währenddessen wieder bis vier. Stellen Sie sich dabei abermals Vollmond, dann den abnehmenden Mond mit dem Bauch nach links vor, bis die Sichel ganz verschwindet und die Neu- oder Schwarzmondphase da ist. Beim Neumond wird erneut der Atem drei Sekunden lang angehalten und die schwarze Scheibe visualisiert.

Wiederholen Sie diese Übung öfter – immer wenn Sie Wartezeiten haben. Am Anfang ist die Technik gar nicht so leicht, aber mit der Zeit klappt es auch ohne das lästige Zählen, den Atemrhythmus zu halten, indem man sich nur die einzelnen Mondphasen plastisch vorstellt.

Die Baummeditation

Auch diese Technik ist ein wesentlicher Schritt, um in die Kunst der Visualisierung schneller einzusteigen.

So wird mein Körper zu einem Baum: Ich schließe meine Augen, verlege mein Bewusstsein in meine Füße und stehe mit beiden Beinen fest auf dem Boden. Mein Rückgrat wird zum Stamm, und aus meinen Füßen und Zehen sprießen feine Wurzeln, die mit jedem Ausatmen in den Boden der Erde dringen. Immer tiefer und tiefer bohren sich meine Wurzeln in das Erdreich, und allmählich ist auch ein schwerer erdiger Geruch wahrzunehmen. Meine Wurzeln streben immer tiefer in die Erde, dem Zentrum entgegen. Ich bin jetzt fest im Erdboden verwurzelt.

Mit jedem Einatmen nehme ich helle Lichtenergie in mich auf und leite diese hinunter in meine Wurzeln. Dieses Licht erreicht schließlich selbst das feinste Wurzelwerk und breitet sich aus, steigt jetzt wieder höher und höher, fließt durch meinen Stamm und erreicht schließlich meine Arme und meinen Kopf. Aus meinen Armen bilden sich Äste, die mit jedem Ausatmen durch die von unten strömende Energie mächtiger und größer werden. (Strecken Sie ruhig Ihre Arme nach oben.) Und aus diesen Ästen treiben Zweige, auf denen sich kleine Knöspchen bilden und hellgrüne Blättchen hervorsprießen. Mit jedem Ausatmen werden die Äste, die Zweige und Blätter kräftiger, größer und bilden schließlich eine mächtige Krone aus. So bin ich zu einem großen mächtigen Baum geworden. Durch meine ausgestreckten Arme, meine Zweige, nehme ich mit jedem Einatmen die von oben kommende kosmische Energie in mich auf, lasse sie durch mich hindurchfließen, hinunter bis tief in das tiefste Wurzelwerk meiner Basis. Von dort, verbunden mit der Urkraft der Erde, strömt diese Energie wieder durch meinen Stamm, durch mich hindurch nach oben, um von neuem helle, lichte Energie aufzunehmen und diese wieder nach unten abzuleiten. Mein ganzer Baumkörper ist von diesem warmen, strahlenden Lichtkreislauf erfüllt. Ich genieße den Energiefluss, der mich durchströmt, und atme tief und bewusst.

Langsam ziehe ich jetzt mit jedem Einatmen meine Blätter und Äste wieder in mich zurück. Noch einmal fließe ich durch meinen Stamm und meine Wurzeln hinunter zum Zentrum, löse behutsam meine Wurzeln aus der Erde, bedanke mich für die Stabilität und ziehe bei jedem Einatmen meine Wurzeln weiter zurück. Nach einigen tiefen Atemzügen bin ich wieder im Hier und Jetzt und öffne meine Augen.

Lichtmeditation

Diese Meditationsübung ist besonders geeignet, wenn Sie sich schlecht fühlen oder wenn Sie eine bestimmte Person oder etwas Negatives bannen möchten. Legen Sie sich dazu auf den Boden. Die Beine werden angewinkelt, die Füße bleiben fest auf dem Boden. Entspannen Sie sich. Atmen Sie jetzt einige Male tief ein und wieder aus. Werden Sie ganz ruhig und konzentrieren Sie sich auf Ihren Atem. Stellen Sie sich jetzt ein wunderschönes, goldenes, warmes Licht vor, das sich, von oben kommend, direkt vor Ihnen bildet. Dabei immer auf die Atmung achten und gleichmäßig ein- und ausatmen. Sie atmen dieses goldene Licht ein, das nun durch Ihren gesamten Körper strömt und Sie auch einhüllt. Durch dieses Licht sind Sie gegen Negatives oder andere störende Energien geschützt. Sie tragen diesen Mantel aus strahlendem Licht, der sämtliche störenden Einflüsse wirksam bannt oder verglühen lässt. Diese Lichtmeditation hilft Ihnen, sich mit göttlicher Energie aufzutanken.

Sie können diese Übung auch bei Vollmond im Freien durchführen. Stellen Sie sich dann vor, wie weiches, silbernes Mondlicht durch Ihren Körper fließt und Sie vollkommen einhüllt. Sie sind sicher, geführt und beschützt. Helles, leuchtendes Licht umhüllt Sie und lässt alles Negative und Böse abgleiten oder sofort verglühen.

Visualisieren

Visualisierung ist ein wichtiger Bestandteil bei jeder magischen Tätigkeit. Darunter versteht man die Fähigkeit, sich Dinge oder Szenarien vor dem geistigen Auge möglichst bildlich und plastisch vorstellen zu können. Während eines Rituals wird das erwünschte Zielszenario visualisiert – damit geben Sie Ihrem Ziel das magische Fundament zur Verwirklichung.

Das Visualisieren beinhaltet jedoch nicht nur, dass Sie z. B. einen Baum sehen können, nein,

Sie riechen, fühlen und hören ihn. Sie werden beim korrekten Visualisieren das Gefühl haben, dass er wirklich direkt vor Ihnen steht. Sie hören das Rascheln der Blätter und das Knarzen der Äste. Es duftet nach Erde, und wenn Sie Ihre Hand ausstrecken, könnten Sie sogar die raue Rinde fühlen.

Visualisieren ist eine Fertigkeit, die Sie sich selbst beibringen können, eine Kunst, die jeder erlernen kann, wenn sie nur ausdauernd und konsequent geübt wird. Beginnen Sie damit, sich einfache Gegenstände vorzustellen. Am besten ist es, wenn Sie diese Gegenstände zur Verfügung haben und sie, bevor Sie diese visualisieren, in die Hand nehmen, sie fühlen, daran riechen und sie schmecken. Später, wenn Ihnen diese Technik schon leichter fällt, können Sie damit beginnen, sich ganze Szenarien vorzustellen, z. B. einen Spaziergang über eine Sommerwiese, auf der bunte Blumen blühen und Schmetterlinge um Ihren Kopf tanzen. Oder eine Situation, die Sie erreichen möchten, wie einen romantischen Abend mit dem Wunschpartner, eine verbesserte berufliche Position oder ein gestärktes Selbstbewusstsein und dadurch ein gewinnendes Auftreten.

Die Apfelübung

Nehmen Sie einen appetitlich saftig duftenden Apfel in Ihre Hand. Fühlen Sie seine kugelige Form, seine glatte Oberfläche, den Stängel, riechen Sie an ihm. Saugen Sie ganz bewusst den fruchtig frischen Duft ein und stellen Sie sich vor, wie der Apfel wohl schmeckt. Ein süß-saftiger Geschmack? Oder säuerlich? Ihre Geschmacksknospen freuen sich bereits auf diesen Obstgenuss. Schließen Sie jetzt die Augen und stellen Sie sich vor, Sie beißen in diesen Apfel. Versuchen Sie dabei, den Geschmack zu beschreiben, ihn wahrzunehmen. Visualisieren Sie vor Ihrem inneren Auge, wie er aussieht und schmeckt. Seine Form, seine Farben, seine glatte Oberfläche, riechen Sie seinen Duft. Wie war der Duft? Wie der Geschmack? Bei einer guten Visualisation wird Ihnen spätestens jetzt das Wasser im Mund zusammenlaufen.

Visualisierungsübung mit Partner

Für diese einfache Partnerübung braucht man nur etwas Zeit, Fantasie – und natürlich einen Partner, der sich dabei nicht einmal mit Magie beschäftigen muss.

Am besten machen Sie die Übung, wenn Sie ohnehin entspannt sind. An einem Sonntag beispielsweise, an dem man nichts weiter vorhat, als auf der Couch herumzuliegen.Beginnen Sie damit, sich zu entspannen, und lassen Sie sich zunächst in Gedanken treiben. Dann beginnen Sie, sich gegenseitig Gegenstände, Personen, Tiere, Steine oder Pflanzen – alles, was Ihnen in den Sinn kommt –, zu beschreiben. Einer fängt an, dann fährt der andere fort usw. Mit der Zeit wird das jeweilige Bild immer klarer. Es ist zu Beginn einfacher, Ihre Visionen oder Bilder einem anderen oder sich selbst mit Worten zu beschreiben.

Wenn Sie ein wenig geübt haben, können Sie dazu übergehen, das Szenario auszuweiten. Das, was Sie beschrieben haben, steht sicher nicht im leeren Raum, oder? Fahren Sie mit dem Umfeld fort, entdecken Sie die Umgebung Schritt für Schritt und lassen Sie sich tiefer in Trance sinken. Hören Sie nicht auf, sich gegenseitig zu beschreiben, was Sie sehen.

Konzentrieren Sie sich auf Ihren Körper, beschreiben Sie vielleicht auch das, was Sie gerade fühlen. Liegen Sie bequem? Wie ist der Boden beschaffen, weich oder rau, vielleicht zu kühl – oder wärmt die Sonne? Was für Geräusche hören Sie? Gibt es Vögel, ist vielleicht der Wind in den Bäumen oder Ihr eigener Atem hörbar? Wenn Sie wieder zurückkehren wollen, dann machen Sie das allmählich und behutsam. Lassen Sie sich Zeit. Bewegen Sie sich langsam wieder, tasten Sie, fühlen Sie mit Ihren Händen, kehren Sie mit allen Sinnen in die »reale« Welt zurück.

Magistelli verschicken

Ein Magistelli ist ein Gedankenbote, eine Helferenergie, ein manifestiertes Gedankenwesen. Dieser Bote ist dafür vorgesehen, bestimmte Nachrichten zu übermitteln oder sogar richtige Aufträge auszuführen, falls man ein Meister der Visualisation ist, wie z. B. tibetische Mönche, die tatsächliche Tulpas erschaffen können. Tulpas sind Wesen, die durch reine Gedankenkraft entstehen und dann mit starkem Glauben und enormer Visualisierungskraft zu einem greifbaren Geschöpf werden können. Aber bis zur Tulpa oder zum Humunculus, einem Kunstmenschlein, wie diese Wesen in unserer westlichen okkulten Tradition bezeichnet wurden, ist es noch ein weiter Weg. Beginnen Sie erst einmal damit, Ihren eigenen Gedankenboten zu manifestieren.

Mit etwas Übung können Sie innerhalb kurzer Zeit Ihr eigenes Magistelli losschicken. Und so funktioniert es: Sie konzentrieren sich auf Ihre Atmung und Ihren Bauch, Ihr Kraftzentrum. Nach einigen Minuten der Konzentration visualisieren Sie einen Energiestrahl, der aus Ihrem Bauchchakra (im Nabelbereich) herausströmt. Dieser Strahl kann eine helle Nebelform oder auch nur durchscheinende, aber fühlbare Energie sein, die langsam zu Ihren Händen aufsteigt und sich dort zu einer Kugel verdichtet. Es ist die reine Energie des Schoßes, des Zentrums der weiblichen Kraft und Macht. Die Konzentration und der Wille spielen dabei eine wichtige Rolle – ebenso wie ein sehr bildhaftes Vorstellungsvermögen. Atmen Sie mit hoher Konzentration und stellen Sie sich diese verdichtete Energie plastisch vor. Projizieren Sie nun auch Gefühl in diese Energieform, die das Magistelli prägt, in Form eines Wunsches, einer Bitte oder eines Befehls. Man kann es auch mit einer Botschaft oder für Schutz betrauen, den jemand braucht, und anschließend verschicken. Ist die Aufgabe erfüllt, löst sich das Magistelli wieder in reine Energie auf.

Kleidung

Ursprünglich und bequem ist es, Rituale nackt zu zelebrieren. Vielfach ist dies aber nicht möglich, sei es wegen der Temperatur, bei Ritualen in der freien Natur oder aus persönlichen Gründen (wenn man sich z. B. vor der Gruppe bei Hexenfesten nicht ausziehen will). Kurzum: Sie sollten Ihr Ritual so feiern, wie Sie sich am wohlsten und ungezwungensten fühlen – und sich dabei auf gar keinen Fall von anderen Personen dreinreden lassen.

Möchten Sie bekleidet feiern, sollten Sie darauf achten, dass die Kleidung bequem ist und nicht einengt. Auch hierbei sollten Sie auf die Farbsymbolik achten, z. B. Rot bei Liebes- oder Kraftritualen, Grün bei Geld- oder Harmonieritualen, Weiß bei Heil- oder Schutzritualen, Schwarz bei Bann- oder Schutzritualen etc.

Haben Sie nicht die Möglichkeit, sich umzukleiden, und möchten trotzdem ein Ritual praktizieren, nutzen Sie folgende interessante Technik, die mir eine liebe Freundin verraten hat: Bevor sie ein Ritual beginnt, konzentriert sie sich kurz auf ihre bevorstehende magische Arbeit. Dann streift sie mit den Händen symbolisch ihre Kleidung ab und neue Kleider an. Dabei sagt sie folgenden Spruch: »Ich ziehe aus die Kleider des Tages, ich ziehe an die Kleider der Nacht.« Eine durchaus empfehlenswerte Methode!

Der magische Kreis

Ein magischer Schutzkreis ist die symbolische Abgrenzung zwischen der alltäglichen und der magischen Ebene und hilft dem magisch Tätigen, diejenigen Energien, die sich während eines Rituals aufbauen, zu sammeln und zu verstärken. Stellen Sie sich das wie eine Art Kraftkegel vor.
Darüber hinaus soll der Schutzkreis alle störenden Einflüsse von außen fernhalten.

Wie ziehe und schließe ich den Kreis?

Nehmen Sie Ihren Dolch oder Zauberstab in beide Hände und ziehen Sie im Uhrzeigersinn mit ausgestreckten Armen einen Kreis über Ihrem Kopf und Ritualplatz. Der Kreis beginnt stets im Osten, wo die Sonne aufgeht. Nachdem der Kreis geschlossen wurde, sollte er während des gesamten magischen Zeremoniells nicht mehr verlassen werden. Der Schutzkreis wird mit den folgenden Worten geschlossen:

»Der Kreis ist nun geschlossen
und bleibt ungebrochen, alles Böse bleibe fort,
denn geschützt ist dieser Ort.
Im Namen der Göttin, so sei es!«

Es gibt noch andere Arten, einen Schutzkreis aufzubauen:

- Sie können den Schutzkreis auch mit dem ausgestreckten Zeige- und Mittelfinger über Ihrem Kopf und Ritualplatz ziehen.
- Ebenso können Sie einen Kreis auf den Boden zeichnen. Das klappt natürlich nicht in jeder Wohnung. Je nach Gegebenheit kann man aber auch Steine, Teelichter, Salz oder Getreide zum Ziehen des Kreises verwenden.
- Sie können für jedes Element eine Kerze entzünden und dabei eine Anrufung an die entsprechende Energie richten. Dabei ist es wichtig, nicht nur in Worten zu sprechen, sondern das Element mit möglichst vielen Sinnen zu imaginieren: Luft durch das Pfeifen des Windes, Feuer durch die Hitze einer Flamme, Wasser durch Plätschern, Erde durch den Duft des Waldbodens.
- Gehen Sie den Kreis ab, tanzen Sie den Kreis, summen Sie den Kreis, ziehen Sie ihn mit dem Finger auf dem Boden nach oder räuchern Sie einen Kreis.

Wie löse ich den Schutzkreis auf?

Nach Ende des Rituals wird der Schutzkreis entgegen dem Uhrzeigersinn mit Dolch oder Zauberstab wieder aufgelöst.
Müssen Sie aus zwingenden Gründen den Kreis während der Zeremonie doch einmal verlassen, öffnen Sie wieder mit Ihrem Dolch, Zauberstab oder Ihren Fingern vorher ein Tor, um aus dem Kreis zu treten. Bevor Sie Ihr Ritual weiterführen, schließen Sie dieses Tor wieder.

Die Anrufung der Wächter der Elemente

Nachdem Sie den magischen Schutzkreis geschlossen haben, werden die Elemente beschworen; dabei zeichnen Sie jedes Mal mit Ihrem Dolch, Zauberstab oder Zeigefinger ein anrufendes Pentagramm (siehe Seite 67) vor sich in die Luft. Ich empfehle Ihnen folgende Methode:

Blicken Sie nach Osten. Sprechen Sie:

»Ich rufe euch,
Wächter des Ostens,
Wesen der Luft,
steigt herab und erfüllt diesen Ort
mit eurer Kraft.«

Blicken Sie nach Süden. Sprechen Sie:

»Ich rufe euch,
Wächter des Südens,
Wesen des Feuers,
steigt herab und erfüllt diesen Ort
mit eurer Kraft.«

Blicken Sie nach Westen. Sprechen Sie:

»Ich rufe euch,
Wächter des Westens,
Wesen des Wassers,
steigt herab und erfüllt diesen Ort
mit eurer Kraft.«

Blicken Sie nach Norden. Sprechen Sie:

»Ich rufe euch,
Wächter des Nordens,
Wesen der Erde,
steigt herab und erfüllt diesen Ort
mit eurer Kraft.«

»Ich rufe euch!
Ihr Mächte der Luft, des Feuers, des
Wassers und der Erde,
hört mich und beschützt mich
bei meinem magischen Tun!«

Anschließend können Sie mit Ihrem Ritual beginnen. Nach Beendigung der Zeremonie verabschieden Sie die Wächter der Himmelsrichtungen wie nachfolgend vorgeschlagen. Dazu zeichnen Sie wiederum mit Dolch, Zauberstab oder Zeigefinger ein bannendes Pentagramm vor sich in die Luft.

Blicken Sie nach Norden. Sprechen Sie:

»Wächter des Nordens,
Wesen der Erde,
ich danke und entlasse euch!«

Blicken Sie nach Westen. Sprechen Sie:

»Wächter des Westens,
Wesen des Wassers,
ich danke und entlasse euch!«

Blicken Sie nach Süden. Sprechen Sie:

»Wächter des Südens,
Wesen des Feuers,
ich danke und entlasse euch!«

Blicken Sie nach Osten. Sprechen Sie:

»Wächter des Ostens,
Wesen der Luft,
ich danke und entlasse euch!«

»Ihr Mächte der Erde, der Luft, des Feuers
und des Wassers,
ich danke für euren Schutz
und euer Wohlwollen.
Kehrt zurück in eure Welten.«

Weiheritual

Mit diesem Ritus können Sie Ritualgegenstände weihen und damit magisch aufladen, bevor Sie diese für Ihre magischen Zwecke verwenden. Nicht nur klassische Ritualgegenstände wie Dolch, Zauberstab, Kelch und Pentakel können der Göttlichkeit geweiht werden, sondern auch sämtliche anderen Gegenstände, wie z. B. Amulette, Kristallkugeln, Kerzen, Öle, Tarotkarten oder persönliche Talismane.

Durch ein solches Ritual reinigen und neutralisieren Sie das magische Hilfsmittel von sämtlichen fremden oder störenden Einflüssen. Darüber hinaus können sich die Schwingungen der Gegenstände besser auf Ihre Energie einstellen und leichter mit ihr verschmelzen. Ich möchte Ihnen nun eine Möglichkeit aufzeigen, eine solche Weihe durchzuführen. Dazu brauchen Sie:

- Kräuterbad – mit Eisenkraut, Lavendel, Melisse, Rosenknospen und Salbei
- Frische Blumen
- Weiße Tischdecke
- Reinigungs- und Göttinräucherung oder Weihrauch, Salbei und Wacholderholz
- Räucherutensilien
- 2 weiße Stabkerzen
- 1 dicke weiße Kerze
- Cassia- oder Schutzengelöl
- Kleine Schale mit Wasser
- Salz
- Dolch
- Kleine Schale mit Erde

Zunächst entspannen Sie sich in einem Kräuterbad. Die Kräuter werden dazu in ein Stoffsäckchen gefüllt und in das angenehm temperierte Wasser gelegt. Fügen Sie auch eine Prise Salz hinzu, da Salz reinigend wirkt.

Nach dem Bad schlüpfen Sie in lockere Kleidung. Legen Sie eine schöne weiße Decke auf Ihren Altar und streuen Sie Rosen- und Jasminblüten darauf. Reinigen Sie zuerst den Raum mit einer Reinigungsräucherung, danach den Ritualplatz. Dazu können Sie entweder eine fertige Räuchermischung verwenden oder Sie räuchern beispielsweise Weihrauch, Salbei und Wacholderholz. Dann platzieren Sie die Räucherschale in die Mitte des Altars. Zwei weiße Stabkerzen werden mit Cassia- oder Schutzengelöl bestrichen und flankieren links und rechts die Räucherschale zum Schutz vor störenden Einflüssen. Die dicke weiße Kerze wird ebenfalls mit Öl bestrichen und in die Mitte des Altars gestellt.

Entzünden Sie nun die Kerzen. Dann nehmen Sie eine Schale mit reinem Wasser, fügen einen Tropfen des entsprechenden Öls und eine Prise Salz hinzu. Lösen Sie das Salz im Wasser auf.

Ziehen Sie einen Schutzkreis um sich und Ihren Altar. Danach rufen Sie die Wächter der Elemente und zeichnen bei jedem einzelnen Element mit dem Dolch vor sich ein anrufendes Pentagramm in die Luft. Stellen Sie sich in die Kreismitte, konzentrieren Sie sich und rufen Sie nun die Göttin an, mit den folgenden Worten:

»Große Mutter, ich rufe dich, schütze mich bei diesem Ritual und segne durch meine Hand diese Gegenstände!«

Führen Sie nun Ihren magischen Helfer dreimal durch den Rauch der Reinigungsräucherung und sprechen Sie:

»Durch die Kraft der Luft bist du gereinigt.
Ich weihe dich im Namen der Göttin, sei mir zu Diensten bei meinen Ritualen.
Lenke meine Gedanken. Magischer Geist fließt nun durch dich. So sei es!«

Ziehen Sie das Utensil dreimal durch die Flamme der großen weißen Kerze. Sprechen Sie:

»Durch die Kraft des Feuers bist du gereinigt. Ich weihe dich im Namen der Göttin, sei mir zu Diensten bei meinen Ritualen. Stärke meinen Willen. Magische Kraft fließt nun durch dich. So sei es!«

Besprenkeln Sie den rituellen Gegenstand mit ein paar Tropfen des aufgeladenen Wassers. Sprechen Sie dazu:

»Durch die Kraft des Wassers bist du gereinigt. Ich weihe dich im Namen der Göttin, sei mir zu Diensten bei meinen Ritualen. Öffne mein Herz. Magische Intuition fließt nun durch dich. So sei es!«

Streuen Sie Erde und etwas Salz auf den rituellen Gegenstand. Sprechen Sie:

»Durch die Kraft der Erde bist du gereinigt. Ich weihe dich im Namen der Göttin, sei mir zu Diensten bei meinen Ritualen. Festige meine Entschlossenheit. Magische Stärke fließt nun durch dich. So sei es!«

Halten Sie für einen Moment inne und spüren Sie die Kraft und Energie, die nun in Ihren Ritualgegenständen pulst. Zuerst bedanken Sie sich bei der Göttin für die Macht, die sie Ihnen zuteil werden ließ. Danach bedanken Sie sich bei den Wächtern der Elemente und entlassen diese. Erst jetzt lösen Sie den Schutzkreis gegen den Uhrzeigersinn wieder auf. Lassen Sie jedoch die Kerzen komplett abbrennen.

Nach der Weihe bewahren Sie Ihre Ritualgegenstände stets, wenn Sie nicht damit arbeiten, in einem schwarzen Tuch auf, da Schwarz bannend wirkt. So wird vermieden, dass Fremdenergien in die Gegenstände fließen.

Bewahren Sie Ihre Ritualgegenstände an einem sicheren Ort auf. Keine neugierigen Hände sollten sich daran zu schaffen machen. Es sind Ihre ganz persönlichen magischen Werkzeuge. Behandeln Sie diese deshalb mit großer Wertschätzung. Wachsreste und die Asche des Räucherwerks vergraben Sie nach dem Ritual bei einem Holunder- oder Haselnussbaum. Legen Sie zum Abschluss noch eine frische Rosenknospe oder einen schönen Stein dazu: Die Naturgeisterchen freuen sich über solche kleinen Geschenke oder lieben Gesten.

Schutzmaßnahmen – wozu überhaupt?

Ein wesentlicher Punkt der magischen Arbeit besteht im effektiven Selbstschutz. Schutz wird bei jeglicher magischer Arbeit benötigt, z. B. um unerwünschte Energien fernzuhalten.

Vor wem soll ich mich schützen?

Konzentriertes magisches Schaffen erweitert den Geist für sämtliche Energien. Da aber nicht nur positive Energien in unserer Ebene wirken, muss ich mich speziell vor bösartigen oder feindseligen Einflüssen in Acht nehmen. Schützen kann ich mich z. B. vor negativen Kräften, unliebsamen Geistwesen und vor allem, was mir Unbehagen oder Angst bereitet. Schützen kann man sich vor Personen, aber es können auch Orte oder Räumlichkeiten mit einem Schutzzauber versehen werden.

Selbst im Alltag kann der Schutz sehr hilfreich sein. Aber nicht immer droht die Gefahr nur von außen. Es sind oft die eigenen inneren Dämonen, die nach außen projiziert werden und der Bannung bedürfen. Denn diese Dämonen, die sich z. B. Zweifel, Ungeduld, Angst, Hochmut, Rache etc. nennen, können die Wirkung eines Rituals sehr negativ beeinflussen. Durch diverse Schutzmaßnahmen wirkt man diesen äußeren und inneren Dämonen entgegen. Deshalb ist es wichtig, Schutzmaßnahmen ernst zu nehmen, bevor man mit der magischen Arbeit beginnt.

Erdung – der beste Schutz

- Dafür empfiehlt sich, nach einem Ritual gut zu essen und zu trinken.
- Setzen oder legen Sie sich auf den Boden und lassen Sie über die Handinnenflächen die Energie in den Boden abfließen.
- Oder haben Sie guten Sex – das erdet, tut dem Körper gut und macht obendrein Spaß!
- Lachen Sie herzhaft.

Seien Sie sich bewusst, dass man Energien, die in einem Ritual gerufen und aufgebaut werden, auch wieder entlassen muss, da sich diese sonst unkontrolliert ausbreiten und nicht vorhersehbare Probleme verursachen könnten.

Verschiedene Schutztechniken

Magischer Schutzschild Wenn Sie sich möglichst schnell und unvorbereitet vor negativen Energien schützen müssen, können Sie folgende Technik anwenden: Rufen Sie die Urenergie in Ihnen – ihr Zentrum befindet sich in der Bauchgegend – und visualisieren Sie eine Kugel aus Licht, die sich zwischen Ihren Händen befindet. Versuchen Sie, so viel Kraft wie möglich in die Kugel zu leiten, sodass diese immer größer wird und immer heller leuchtet und strahlt. Diese Kugel ist wie eine zweite Haut. Wenn sie groß genug erscheint, ziehen Sie diese Energiehülle über sich. Heben Sie dazu Ihre Hände über den Kopf und lassen Sie die leuchtende Hülle seitlich an sich hinabgleiten – an Hüften und Knien vorbei bis zu Ihren Füßen; schließen Sie unter Ihren Füßen ab. Visualisieren Sie dabei, wie Sie von dieser strahlenden Energie völlig eingehüllt sind. Sie sind direkt in ihr. Um sich herum sehen und spüren Sie das Energiefeld, das sich schützend um Sie bewegt. In dieser Membran sind Sie sicher, sämtliche negative Energien prallen von dieser stark positiven Hülle ab oder verglühen restlos an ihr. Wenn Sie in dieser Technik geübt sind, können Sie einen solchen hochwirksamen Schutzschild innerhalb kürzester Zeit entstehen lassen.

Stein im Wasser Stellen Sie sich vor, Sie sind ein schwerer Stein in einem Bach. Alles Negative und Böse fließt und gleitet rasch an Ihnen ab und vorbei.

Magische Barriere Ziehen Sie ca. eine Armlänge von sich entfernt eine unsichtbare und undurchdringliche Trennwand hoch. Dadurch sind Sie auf der Straße oder zu Hause geschützt. Sie können diese magische Schranke aber jederzeit für Freunde wieder auflösen.

Hausschutz – sichere Wohnung Um den Wohnbereich zu schützen, sollten Sie ein bannendes Pentagramm, am besten mit Salz, vor der Tür in bannender Richtung ziehen. Die Spitze zeigt somit nach außen. Diese Maßnahme hält unangenehme, negative Energien und Menschen von Ihrem Wohnbereich oder Geschäft fern. Da deren Energie nicht für immer bestehen bleibt und mit der Zeit weniger werden kann, sollten Sie diese Schutztechnik regelmäßig wiederholen. Wie oft, bestimmen Sie nach Ihrem Gefühl.

Schlaf-gut-Zauber Entzünden Sie dazu jeden Abend eine weiße Kerze und bestreichen Sie diese mit einem Schutzengelöl – so werden negative und aggressive Energien neutralisiert. Zusätzlich können Sie eine besprochene Bann- oder Schutzwurzel im Eingangsbereich oder unter Ihrem Kopfpolster platzieren, um so für gute Träume zu sorgen.

Lichtdusche Eine Freundin von mir schwört auf diese Technik, denn sie ist einfach und doch sehr effektiv: Sie stellt sich unter die ganz normale Dusche und visualisiert, dass sie in hellem Licht duscht – und reine warme Energie fließt über ihren Körper. Diese Lichtenergie hüllt sie komplett ein und umgibt sie mit einer Aura aus hellem schützendem Licht, die den ganzen Tag über alles Negative abblockt oder an der Hülle verglühen lässt. Das funktioniert übrigens auch ohne tatsächliche Dusche, falls man tagsüber nicht die Möglichkeit zu duschen, wohl aber das Bedürfnis nach Schutz hat.

Lichthülle Seit ich eine Familie mit zwei Kindern habe, leide ich unter Flugangst. Deshalb praktiziere ich folgende hervorragend funktionierende Technik vor jedem Flug: Sobald ich im Flugzeug sitze und wir kurz vor dem Start sind, beginne ich, mit jedem Einatmen eine hell strahlende Schutzhaut von der Nase des Flugzeugs über dessen Seitenteile, Tragflächen und Düsen entlang bis nach hinten zum Rumpf zu ziehen. Das gesamte Flugzeug ist schließlich in pure Lichtenergie gehüllt. Eine Energie, die mich und alle anderen Passagiere sicher und beschützt zu unserem Zielort bringt.

Gummiwand Eine andere Methode, um sich zu schützen, besteht darin, sich vorzustellen, dass man ungefähr eine Armlänge von sich entfernt eine Gummiwand aufbaut, die alles Negative, das einen attackieren möchte, sofort zurückschleudert.

Vernebelungstaktik Um einen magischen Angreifer von sich abzulenken und zu verwirren, stellt man sich vor, dass der Angreifer in weißen Nebel gehüllt wird, sodass er keinerlei Sicht mehr hat. Sie könnnen kann das Gleiche natürlich auch mit sich selbst machen. Entzünden Sie dazu eine Räucherung, idealerweise eine Schutzräucherung, und stellen Sie sich direkt über das qualmende Räuchergefäß. Lassen Sie sich von dem magischen Rauch vollkommen einhüllen. Dies hat den Vorteil, dass Sie für die andere Person wie unsichtbar und unangreifbar sind. Zusätzlich empfehle ich, eine Energieräucherung durchzuführen, um die hier beschriebene Technik zu verstärken.

Das Pentagramm

Ein Pentagramm, auch bekannt als Drudenfuß, Drudenkreuz oder Albenfuß, ist ein sehr altes magisches Symbol. Es ist ein in einer geschlossenen Linie gezeichneter Fünfstern.

Die genaue Herkunft dieses Symbols verliert sich im Altertum. Die ersten Aufzeichnungen sollen ca. 3000 v. Chr. in Mesopotamien entstanden sein. In der Antike war dieses Symbol als Zeichen für Gesundheit und Vitalität schon Pythagoras bekannt. Seit dieser Zeit taucht es immer wieder bei Alchemisten, Astrologen und Zauberkundigen sowie in verschiedenen Geheimgesellschaften oder okkulten Gruppierungen auf, die die magischen Kräfte dieses Zeichens zu schätzen wussten.

Im Tarot ist die Fünf auch diejenige Zahl, die den Hohepriester kennzeichnet; dieser symbolisiert und verdeutlicht das Vertrauen in die spirituelle Führung, die übergeordnete Energie, die hinter allem steht. In welche Richtung man auch immer das Pentagramm zeichnet – letztlich geht es stets um einen spirituellen Weg, eine Suche nach Höherem und dem Erkennen.

Die Zahl Fünf ist in der Astrologie der Venus zugeordnet und steht daher für Partnerschaftsthemen und sinnliche Lust. Aber auch in der Natur findet sich die Zahl Fünf in den verschiedensten Formen. Schneidet man z. B. einen Apfel in der Mitte durch, erblickt man einen Fünfstern. Fünf Finger hat der Mensch; die meisten Blüten sind fünfstrahlig.

Auch in der Elemetenlehre hat das Pentagramm Bedeutung, es stellt die vier Elemente Erde, Feuer, Wasser und Luft dar – und das fünfte, das als Quinta Essenzia, Äther, Bewusstsein oder auch Göttlichkeit bezeichnet wird. Nicht umsonst ist es eines der am häufigsten getragenen Symbole im okkulten Bereich. Man könnte fast behaupten, dass es sich zu einer Art Statussymbol, einem Erkennungszeichen, entwickelt hat.

Fünfstern in zwei Varianten

Positivpentagramm Ist die Spitze nach oben gerichtet, stellt es den aufrecht stehenden Menschen dar und weist auf die Verbindung zur Göttlichkeit, zur geistigen Spiritualität hin. Wird um das Pentagramm ein Kreis gezogen, sodass es sich in der Mitte befindet, ist es ein sehr starkes und wirkungsvolles Schutzsymbol, das alle schädlichen oder bösartigen Energien oder Wesen fernhält.

Negativpentagramm Zeigt die Spitze nach unten, wird die Verbindung zur Urkraft der Erde, dem körperlich-triebhaften, materiellen und dunklen Bereich dargestellt. So stellt es einen Ziegenbockkopf dar, das Symbol des Gehörnten, des Teufels. Im Volksglauben nennt man diese Stellung Druden- oder Albenfuß, da man der Meinung war, dass nächtliche Besucher wie Kobolde oder andere Waldgeister einen Fußabdruck hinterließen, der ein Pentagramm zeigte.

Leider wird das Pentagramm, wie viele andere Symbole, auch von Menschen mit destruktiven Absichten benutzt. Satanisten tragen z. B. ein Negativpentagramm, um sichtbar zu machen, dass sie sich der dunklen Seite der Macht verbunden fühlen.

Da das Pentagramm zwei verschiedene Wirkungsbereiche hat, kann es auf zwei verschiedene Arten gezogen werden: als ein anrufendes Pentagramm – es wird von oben nach unten gezogen (ich ziehe die Kraft herab!) – und ein bannendes – dieses wird von unten nach oben gezogen (ich gebe zurück!).

Wie wirkt ein Zauberspruch?

In Anbetracht der magischen Manifestationsgewalt eines Gedankens, Wortes und Wunschs sollte die Formulierung eines Spruchs stets mit Bedacht gewählt werden! Geht man bei dieser Angelegenheit leichtsinnig vor, kann das negative Folgen haben, wie folgendes fiktives Beispiel zeigt: Eine Frau formuliert bei ihrem Ritual, sie möchte 5000 Euro bekommen. Daraufhin wird sie in einen Unfall verwickelt, bei dem sie zwar unverletzt bleibt, jedoch das Auto einen Totalschaden hat. Sie bekommt von der Versicherung nach langen Diskussionen 5000 Euro, obwohl das Auto für sie noch weit mehr an Wert gehabt hätte. Ihr Wunsch ist zwar in Erfüllung gegangen – so aber hat sie sich das Resultat natürlich nicht vorgestellt ...

Die Wunschformulierung sollte möglichst konkret sein, um kosmische Fehlinterpretationen zu vermeiden. Aber: Der Göttlichkeit (dem Universum) muss auch genügend Spielraum gelassen werden, um wirkungsvoll in Aktion treten zu können.

Entscheidend für die Wirkung eines Zauberspruchs ist die Visualisierung des Wunschs, d. h. die bildhafte, plastische Vorstellung des erwünschten Ziels vor dem geistigen Auge. Diese Vorstellung oder Imagination sollten Sie mit Emotionen aufladen. Fühlen Sie sich in Ihre gewünschte Situation hinein. Damit setzen Sie die Erfüllung und Wunschverwirklichung geistig schon voraus. So schaffen Sie sich beste Chancen zur Verwirklichung!

Das Binden eines Zaubers

Ein Zauber sollte in seiner Art und Weise, wie und bei wem er wirken soll, fixiert und auf seine Zielgenauigkeit gebunden werden. Dadurch kann er nicht auf unbeteiligte Personen oder auf Sie selbst in einer nicht gewünschten oder veränderten Form einwirken.

Da alle Arten von Zauber in wechselseitiger Art und Weise arbeiten, sind sie möglicherweise anfällig für Beeinflussungen durch andere Energieströme. Um diese Beeinflussungen weitestgehend auszuschließen, wird ein zusätzlicher Zauber angewandt: Es wird so etwas wie ein äußerer Schutzmantel um den eigentlichen Zauber gelegt. So wird dieser in seiner Form und Zielrichtung eindeutig ausgerichtet und konzentriert. Dieses Vorgehen wird in der Magie als Binden des Zaubers bezeichnet. Visualisieren Sie, wie mittels eines magischen Bandes Ihr Zauber gebunden wird. Dazu stellen Sie sich bildlich vor, wie Sie um das genaue Bild Ihres Wunschziels dreimal ein Band winden und dieses dann mit drei Knoten fixieren. Dazu können Sie z. B. folgende Formel sprechen:

»Das Band wird gewunden, der Zauber ist
gebunden, in meinem Sinne wirkt die Kraft,
zum guten Ende wird's gebracht!
Im Namen der Göttin, so sei es!«

Um ihn jedoch richtig binden zu können, sollten Sie die Technik des Visualisierens sicher beherrschen.

Die Kunst der Wunschformulierung

Sicherlich kommt Ihnen folgende Situation bekannt vor: Sie denken gerade an eine bestimmte Person – und just in diesem Moment meldet diese sich bei Ihnen am Telefon, begegnet Ihnen auf der Straße oder klingelt überraschend an der Haustür. »So ein Zufall«, mögen Sie denken. Doch weit gefehlt – das war in Wirklichkeit die Auswirkung eines magischen, freilich eher meist unbewussten Gedankenakts! Der Schriftsteller Hermann Hesse formulierte es so: »Gedanken sind wie Dinge.«

Als geistig konzentrierte Energie besitzen sie die Kraft, sich zu manifestieren – darin liegt der Zauber! Klar ist: Gedanken sind magisch wirksam – und noch viel mehr das inbrünstig gesprochene Wort!

Vorschläge zur Wunschformulierung

- Vermeiden Sie bei der Formulierung Negationen, wie beispielsweise: »Ich will keine Depressionen mehr haben!« Das Unterbewusste blendet oftmals Negationen wie »Nein«, »Kein« oder »Nicht« aus. Streichen Sie aus dem Beispielsatz »Ich will keine Depressionen mehr haben« die Negation (= keine) und lesen Sie dann, was da übrig geblieben ist: Ich will mehr Depressionen haben ... Deshalb wird ein Zauberspruch stets positiv formuliert. Etwa: »Ich will, dass es mir von Tag zu Tag besser geht und ich mich rundherum wohl fühle.« Oder: »Ab sofort will ich, dass ich täglich selbstbewusster und stärker werde und Erfolg im Berufsleben habe.«
- Vermeiden Sie Ziele, die unrealistisch zu erreichen sind, wie z. B. Frieden auf der ganzen Welt. Oder: Wenn ich keine entsprechende Ausbildung habe, kann ich mir noch so sehr wünschen, Pilotin einer großen Fluglinie zu werden – es bleibt ein unrealistisches Ziel.
- Vermeiden Sie eine zu eng gefasste Wunschausrichtung, etwa: »Ich will morgen einen Mann kennen lernen, der 34 Jahre alt ist, dunkelhaarig, einen führenden Posten als Manager innehat, im Monat 10 000 Euro nach Hause bringt, ein großes Haus mit Swimmingpool im besten Bezirk der Stadt hat und einen Porsche fährt!« Nun, dem Universum muss auch ein gewisser Wirkungskreis für das magische Resultat eingeräumt werden. Wenn die Grenzen zu eng gezogen sind, wird es schwer werden, ein Wunschziel tatsächlich zu erreichen.
- Überlegen Sie sich einen erwünschten »Erfüllungszeitraum«! Da im Universum der uns bekannte Zeitbegriff nicht existiert, sollten Sie dies bei Ihren Formulierung berücksichtigen, indem Sie sagen: »Ich möchte innerhalb dieses oder des nächsten Jahres den passenden Partner für mich finden!«

Opfergaben

Eine schöne Geste ist es, nach einem Ritual ein kleines Stück Kuchen, Obst, Blumen oder hübsche Steinchen als Opfergabe am Ritualplatz in der Natur zu hinterlassen. Auch wenn Sie das Ritual zu Hause zelebriert haben, gehen Sie anschließend nach draußen und legen die Opfergabe an einem schönen ruhigen Ort ab.

Mit dieser Geste danken Sie der Göttlichkeit für ihre Aufmerksamkeit und Unterstützung und stimmen die guten Geister gnädig. Sie können auch Räucherungen, Blumen oder geschriebene Gebete als Opfergabe verbrennen. Oder Sie träufeln einige Tropfen eines magischen Öls auf die Erde, in der Sie Ihre Ritualreste vergraben haben. Es gibt viele Möglichkeiten, um um den Erfolg des Rituals zu bitten oder ein »Dankeschön« zu zelebrieren. Überlegen Sie, wie Sie dies tun möchten – es ist keine Pflicht und sollte immer von Herzen kommen.

Ostara
21.MÄRZ

Traditionelle Hexenfeste

Acht Hauptfeste

Bevor ich die Jahreskreisfeste beschreibe, möchte ich auf die Besonderheit der Zahl Acht zu sprechen kommen. Es sind acht Hauptfeste, die von den meisten Hexen in Mitteleuropa zelebriert werden.

Jede Zahl besitzt neben ihrem bezifferbaren Wert vor allem einen geistigen Entsprechungssinn. Im Fall der Acht sind es allein Wortbegriffe wie z. B. (Be-)Achtung, Achtsamkeit, Macht, die ins Auge fallen, aber auch Negativa wie Ächtung, Verachtung, Ohnmacht etc. Interessanterweise besitzt das Lautwort »Acht« im Hebräischen die Bedeutung von Licht und Liebe: L'achat.

Der Acht kommt also eine universelle Bedeutung zu: von Achtsamkeit bis Verachtung, von Macht bis Ohnmacht. Nicht zufällig bezeichnet die horizontal positionierte Zahl Acht das Lemniskatenzeichen, auch Unendlichkeitssymbol genannt. Be*acht*lich ist ferner, dass die Acht eine astroplanetarische Entsprechung zu Saturn, dem »Wächter der Schwelle«, besitzt. Von Saturn ist bekannt, dass er einerseits Mühen und Beschwerlichkeit bringt. Andererseits aber führt er zu Konzentration und Konsequenz sowie zur Zentrierung auf das Wesentliche, was zu höchster Klarheit und Weisheit führen kann! So gesehen, verkörpert die Zahl Acht die universelle Weisheit.

Besondere Zeitrechnung nach Nächten

Bereits die alten Germanen richteten ihre Zeitrechnung nach den Nächten aus, was in den wichtigsten Hexenfeiertagen deutlich zum Ausdruck kommt (Walpurgisnacht, Johannisnacht, Raunächte etc.). »Nicht nach Tagen wie wir rechnen sie, sondern nach Nächten« (Tacitus; Germania, Kap. 11). In der Hexentradition sind diese heidnischen Feste noch bis heute fester Bestandteil im Jahresrhythmus.

Einen besonderen Platz im Jahresrad der Hexen nehmen die Nächte im Zeitraum zwischen dem 21. Dezember und dem 6. Januar ein, also genau zur Wintersonnenwende. An diesem Abend muss alles gründlich mit speziellen reinigenden Kräutern ausgeräuchert werden. So vertreibt man böse Geister, damit sie nicht die nahende »heilige Zeit« stören. Haus, Wohnung und auch die Ställe wurden in dieser Zeit mit Räucherwerk, Brandopfern oder kleinen Feuern im Garten gegen böse Geister geschützt. Speziell auf Frauen und Kinder wurde an diesem Abend ge*acht*et, da sie sonst »von Geistern verwirrt« oder sogar entführt werden konnten. Im Haus durfte nicht gesponnen, genäht oder gebacken werden, keine Unordnung herrschen und keine Wäsche auf der Leine hängen, denn das lenkte die Aufmerksamkeit der »wilden Jagd« auf das Haus. Und speziell vor dieser herrschte im Volksglauben besonders viel

Angst: Bei der wilden Jagd »sah« man Wotan und Thor (der germanische Donnergott), die Frau Perchta bzw. Frau Hulda (Frau Holle) sowie andere heidnische Götter, Dämonen, gemeinsam mit den »bösen« Hexen aufbrechen und durch das Land ziehen.

Ganz besonders vier Nächte galten in früheren Zeiten als gefährlich: 21. Dezember, 24. Dezember, 31. Dezember und 5. Januar. Während dieser Zeit wurde der Wohn- und Stallbereich mit Weihwasser und -rauch gereinigt und gesegnet. Kerzen wurden entzündet, es wurde gefastet, und man sprach Gebete. In der Silvesternacht ist es bis heute noch Brauch, besonders viel Lärm zu veranstalten, da dies böse Geister vertreibt und das Jahr damit gut beginnt (z. B. Böllerschießen).

Zu dieser Zeit stehen die Tore zwischen der diesseitigen und der jenseitigen Welt besonders weit offen. Die Geister und die Seelen der Verstorbenen haben Ausgang. Die Tiere im Stall sollen genau um Mitternacht mit menschlicher Sprache sprechen und über die Zukunft Auskunft geben. Wer die Tiere allerdings sprechen hört, stirbt unmittelbar danach. In der Hexentradition eignet sich dieser düstere Zeitraum, Loostage genannt, ganz besonders für Zukunftsschau sowie für das Durchführen von Orakeln und sollte deshalb auf jeden Fall genutzt werden. Träume, die man während der zwölf Nächte hat, sollen im nächsten Jahr Wirklichkeit werden.

Die Loostage – oder auch bekannt als die zwölf Raunächte sowie Zwölfte oder Glöckelnächte – sind fest verwurzelt in der germanischen Tradition und reichen ca. 5000 Jahre zurück, also etwa zeitgleich mit Stonehenge.

Die traditionellen Jahreskreisfeste entstammen dem keltisch-germanischen Raum und spiegeln das Naturempfinden des nordischen Kulturkreises samt den vier Jahreszeiten im natürlichen Gefüge wider.

Jahreskreisfeste

Imbolc

Lichtmess, 2. Februar

Das Fest ist der Göttin Brighid, Schutzpatronin der Hebammen, Ärzte, Dichter und der Kreativität, gewidmet. Hexen feiern alljährlich zu diesem Zeitpunkt das langsame Erwachen der Natur zu neuem Leben. Es ist ein Fest der Reinigung von Körper, Geist und Seele. Nicht zufällig wird in vielen Haushalten zu dieser Zeit der traditionelle Frühjahrsputz gehalten. Mit dem Reinigen des Wohnbereichs werden symbolisch die Dämonen des Winters ausgekehrt – traditionell mit einem Besen aus Birkenreisig, denn die Birke ist der heilige Baum der Göttin Brighid.

Dies ist auch ein idealer Zeitpunkt, um zu entrümpeln, nicht nur materielle Gegenstände, sondern um sich auch von seelischen Altlasten wie Ärger, Kummer, Sorgen oder festgefahrenen Verhaltensmustern, die sich im Wohnbereich in Form von Staub angesammelt haben, zu befreien.

Ritual

Nehmen Sie z. B. vor dem Ritual ein Bad mit ätherischen Ölen und entspannen Sie sich. Auf dem Tisch wird ein weißes oder hellgrünes Altartuch gebreitet, es werden die ersten Frühlingsblumen oder Efeu darauf dekoriert. Stellen Sie eine Statue der dreifachen Göttin in die Mitte des Altars. Um diese Figur herum platzieren Sie in einem Kreis drei weiße und drei grüne Kerzen. Räuchern Sie eine Mischung aus Rosmarin, Eisenkraut, Kampfer und Weihrauch. Öffnen Sie Ihren Geist für Inspiration und neue Visionen.

Nutzen Sie diese Zeit für eine intensive Reinigungsphase, indem Sie z. B. fasten und so Körper, Geist und Seele von innen her klären. Werfen Sie die Runen oder befragen Sie ein Kartenorakel. Nutzen Sie die magische Kraft am Hexenfeiertag und schreiben Sie auf einen kleinen Zettel Ihre Jahresziele. Bestreichen Sie diesen Zettel mit Göttinöl und verbrennen Sie ihn danach in der Flamme einer weißen Kerze. Notieren Sie Ihre Gedanken und Einsichten in Ihr Buch der Schatten. Stellen Sie anschließend ein Schälchen mit Milch oder ein kleines Stück Kuchen als Gabe an die Hausgeister auf Ihrem Altar oder an Ihrem Lieblingsplatz in der Natur ab. Diese kleine Opfergabe stimmt die Haus- und Elementargeister friedlich und wohlwollend. Ihnen bringt es Harmonie und Schutz für Haus- und Wohnbereich.

Ostara

Frühlingsbeginn, Tag- und Nachtgleiche, 21. März

Das Licht hat über die Dunkelheit gesiegt. Die Tage werden ab jetzt länger. Es ist ein Fest zu Ehren Ostaras – sie ist die germanische Göttin des Frühlings, der Fruchtbarkeit und des Neubeginns. Ihre Gefährten waren Hasen, Symbol der Fruchtbarkeit, und Marienkäferchen, die in unseren Breiten als Glücksbringer gelten. Ostereier symbolisieren das Weltenei (Ursprung allen Lebens), und gemäß der Wortanalogie Ostara und Ostern ist der Osten diejenige Himmelsrichtung, die der Frühlings-Tag-und-Nachtgleiche entspricht. Astrologisch entspricht die Ostarazeit dem Widderzeichen, denn es ist die Himmelsrichtung des Sonnenaufgangs, des hoffnungsvollen Aufbruchs, der großen Ideen und Erwartungen.

Das christliche Osterfest fällt auf den ersten Sonntag, der dem ersten Vollmond nach der Frühlings-Tag-und-Nachtgleiche folgt. Unser heutiges christliches Ostern hatte sich ca. ab dem 6. Jahrhundert aus dem Ostarakult entwickelt. Auf den Feldern wurden Ostarafeuer entzündet, um so die Kraft und den Segen der Götter zu erhalten. Menschen sprangen durch die Feuer, Tierherden wurden hindurchgetrieben. Dies sollte vor Böses, Unheil und Unfruchtbarkeit bringenden Mächten schützen. Die Holzkohlereste nahmen die Menschen mit nach Hause und legten sie als Abwehrmittel gegen Blitzschläge in die Fenster oder um das Haus. Der Name »Österreich«, das Reich der Göttin Ostara, leitet sich von ihr ab.

Ritual

Ein hellgelbes oder -grünes Tuch wird über den Tisch gebreitet, der Altar mit Frühlingsblumen geschmückt. Eine weiße, eine gelbe und eine grüne Kerze werden auf den Tisch gestellt. Die weiße Farbe steht für Neubeginn, die gelbe für die stärkende Kraft der Sonne und die grüne für Zuversicht und Harmonie. Die weiße Kerze wird mit einem Schutzöl bestrichen, damit neue Vorhaben unter dem Schutz der Göttlichkeit stehen. Die gelbe Kerze mit Courage- oder Willenskraftöl, um die neuen Ziele auch tatkräftig umzusetzen, und die grüne Kerze mit Cassiaöl, um harmonisch und voll Zuversicht im inneren Gleichgewicht zu bleiben. Als Räuchermischung empfehle ich Salbei, Johanniskraut, Melissenblätter, Dammar und bunten

Weihrauch. Besorgen Sie sich ein Päckchen Blumensamen. Eine Messerspitze der Samenkörner füllen Sie in Ihre linke Hand und projizieren nun Ihre Wunschenergie und Bitten, die sich erfüllen sollen, hinein. Danach halten Sie Ihre Hand über das duftende Räucherwerk, um die Saat magisch aufzuladen. Während Sie die Pflanzensämlinge in die Erde streuen, bitten Sie die Göttlichkeit um Unterstützung bei der Erfüllung Ihrer Hoffnungen und Wünsche. Pflegen Sie Ihre Sämlinge gut, denn die aufgegangenen Sprossen und Blumen zeigen Ihnen, dass Ihre Wünsche sich erfüllen.

Beltane

Walpurgisnacht, Nacht vom 30. April auf den 1. Mai

Diese »Hexenfeiernacht« gilt als besonderes Fest der Hexen und stellt den Übergang vom Frühling zum Sommer dar. Den Name »Walpurgisnacht« verdankt das keltische Beltane der christlichen Kirche. Diese hat den heidnischen Feiertag der Schutzheiligen Walpurga umgewidmet.

Ursprünglich bedeutet Beltane leuchtendes Feuer. Feuer ist das Element dieses Festes und steht für Fruchtbarkeit sowie für Neuwerden. Zu Walpurgis werden traditionell die Maibäume, zumeist Fichte, Tanne, Birke oder auch Weide, aus dem Wald in den Ort geholt und in der Dorfmitte aufgestellt (Phallussymbol). Bunte Bänder werden von jungen Mädchen in einem traditionellen Spiraltanz um den Baum gewickelt; so stellt man den Liebesakt in der Natur nach. Der Baum symbolisiert so die Fruchtbarkeit der Natur, die zu den Menschen gebracht wird. Der Monat Mai erhielt seinen Namen nach der heidnischen Urfrau Maia.

Ritual

An diesem Hauptfest des Jahreskreises wird der Altar in kräftigen Farben gehalten und mit roten Rosen dekoriert. Eine große rote Kerze und acht weiße Kerzen werden darauf gestellt und entzündet. Die rote Kerze wird mit einem Liebesöl bestrichen, da dieser Tag auch Freya, der Göttin der Liebe und Fruchtbarkeit, gewidmet ist. Die rote Kerze wird an einer der weißen Kerzen entzündet. Eine erotisierende Räucherung mit Rose oder Jasminweihrauch, Styrax, Patschuli und Zimt öffnet die Sinne.

Diese Nacht steht im Zeichen der Sinnlichkeit und der puren Lebens- und Liebesfreuden. Wenn kein Partner da ist, beduften Sie sich mit dem Liebesöl und werden Sie sich Ihres eigenen Körpers bewusst. Welchen Stellenwert hat Sexualität in Ihrem Leben? Meditieren Sie darüber und geben Sie sich an diesem Abend völlig den sinnlichen Genüssen hin: das Leben als Fest.

Litha

Sommersonnenwende, 21. Juni

Kürzeste Nacht des Jahres. Vielerorts finden Feiern statt, die den Sommer und die Sonne, die nun ihren höchsten Stand erreicht hat, mit Sonnwendfeuern begrüßen. Der Name »Juni« leitet sich von der römischen Fruchtbarkeitsgöttin Juno Lucina (die das Licht Bringende) ab, der Beschützerin der Frauen, der Geburt und der Ehe. Die Mittsommernacht ist im Hexentum der ideale Zeitpunkt, um Zukunftsschau zu praktizieren, sowie eine hochmagische Zeit für Wünsche und jede Art von Liebesritualen, die jetzt besonderen Erfolg versprechen. Außerdem ein günstiger Tag zum Sammeln von Heilkräutern.

Ritual

Dekorieren Sie Ihren Altar in hellen Farben und stellen Sie frische Sommerblumen darauf. Räuchern Sie Johanniskraut, Zitrone, Dammar, Eisenkraut und Beifuß. In eine goldgelbe Kerze ritzen Sie mit einer Nadel Ihr Wunschthema (Liebe oder Gesundheit) und bestreichen Sie diese mit dem entsprechenden magischen Liebesöl, danach entzünden Sie die Kerze.
In eine kleine Schale mit Wasser legen Sie frisches Johanniskraut oder einige Rosenblätter. Eine Liebeswurzel, z. B. Iris, ein Bergkristall

oder Ihr persönlicher Heil- oder Glücksstein wird über der Räucherung geschwenkt und mit dem Wasser besprenkelt.
Lassen Sie Ihre Energie in die Wurzel oder den Stein einfließen und meditieren Sie über Ihr Wunschthema. Nehmen Sie die Kraft des Lichts und der Erdenergie in sich auf. Danach lassen Sie die Kerze abbrennen und befragen ein Orakel, z. B. Runen. Notieren Sie Ihre Ergebnisse und Erkenntnisse in Ihr Buch der Schatten.

Lammas

Lughnasadh – Erntefest, 2. August

Juno Augusta – die Sehende. Lugh war eine keltische Feuer- und Lichtgottheit. Man feiert diesen Tag zum Dank für die Gaben der Mutter Erde. Der Altar wird mit Früchten und Getreide geschmückt, um das erste der großen Erntefeste einzuleiten. Weitere Symbole des Festes sind Brot, Erde und Sichel.
Lughnasadh liegt am Beginn der Erntezeit und ist auch als Schnitterfest bekannt. Es steht im Jahresrad Imbolc gegenüber.

Ritual

Auf Ihren Altar legen Sie ein gold- oder orangefarbenes Tuch und stellen Sonnenblumen und Obst darauf. Entzünden Sie eine gelbe Kerze und räuchern Sie Rosenblüten, Styrax, Melisse und Sandelholz.
Meditieren Sie über das Thema Dankbarkeit: z. B. für ein sicheres Zuhause, Menschen, die Sie lieben, Gesundheit etc. Schicken Sie Ihren Mitmenschen liebevolle positive Gedanken, selbst an Menschen, die Sie nicht so gerne mögen – und ein harmonisches warmes Gefühl wird Sie erfüllen. Tun Sie an diesem Tag etwas Gutes. Es gibt viele Möglichkeiten, jemandem eine Freude zu bereiten.

Mabon

Herbstanfang, Tag-und-Nachtgleiche, 21. September

Der Sommer ist vorbei, und der Herbst wird deutlich spürbar. Die dunkle Jahreszeit beginnt. Mabon ist das Fest des Lichtgottes, der aufbricht, um seinen physischen Körper zu verlassen und sich auf eine geheimnisvolle Reise in das Dunkel-Unsichtbare zu wagen (Sinnbild für das eigene Unterbewusste).
Die Hexen danken den Göttern für ihren Schutz, ihre Begleitung, ihre Gaben und die Fülle. Ein traditionsreicher Volksbrauch war/

ist das Binden eines Kornbüschels mit bunten Bändern, als Opfer für die Fruchtbarkeitsgöttin Freya.

Jetzt steht die Sonne im Zeichen Waage, die Ausgewogenheit symbolisiert, denn Mutter Natur schafft wieder ein Gleichgewicht zwischen den Kräften Hell und Dunkel. Von nun an werden die Tage kürzer und die Nächte länger.

Ritual

Schmücken Sie den Altar herbstlich mit Weintrauben, Nüssen, Äpfeln, Kastanien, Herbstblättern sowie einer goldenen und einer grünen Kerze. Räuchern Sie Salbei, Opoponax, Beifuß, Benzoe und bestreichen Sie die goldene Kerze mit Göttinöl und die grüne Kerze mit Cassia, einem Schutz- und Harmonieöl. Zünden Sie die Kerzen an. Bestreichen Sie auch eine Kastanie mit den magischen Ölen und platzieren Sie diese vor sich auf dem Altar.

Dies ist eine optimale Zeit, um sich anzusehen, wie viel von den persönlichen Vorhaben bisher geschafft wurden. Was gilt es noch zu klären oder zu erledigen? Meditieren Sie über die Themen Ausgleich, Beziehung und Harmonie. Schreiben Sie Ihre Einsichten in Ihr Buch der Schatten. Legen Sie eine Dankesgabe an die Göttlichkeit an Ihrem Lieblingsplatz ab.

Samhain

Allerheiligen, Nacht vom 31. Oktober auf den 1. November

Dieser Hexenfeiertag ist seit einigen Jahren auch in der Allgemeinheit sehr populär geworden durch das aus den USA relativ neu importierte »Halloween«-Fest (»All hallows eve« = Abend vor Allerheiligen). »Halloween« ist ein englisches Wort mit irischen Wurzeln und bedeutet ursprünglich »das Ende des Sommers«, da zu diesem letzten Erntefest des Jahres die Ackerfrüchte eingebracht und die Tiere von den Weiden in die Stallungen getrieben wurden. Auch wird es mit »heilige Frau« oder »heilige Schwester« übersetzt. Diese »heilige Frau« ist die Göttin selbst, die bei den Germanen Holla oder Frau Holle heißt. Sie ist auch Hel, die Göttin der Unterwelt, und öffnet in der Halloweennacht ihre Pforten, damit die Toten die Lebenden und die Lebenden die Toten besuchen können. Um ihnen den Weg zu weisen, stellte man Lichter in den Fenstern auf. Diese Göttin kommt weißhaarig, in weißem Gewand auf weißem Pferd geritten. Sie ist die »wei(s)se Frau« vieler Legenden, die den Zug der Toten führt (in Bayern: die Percht). Die große Göttin tritt uns in ihrem dritten Aspekt gegenüber als Hekate, die »weise Alte«. Sie verkörpert die Natur im Winter und den Tod.

In der Samhainnacht versammeln sich die Hexen, um direkten Kontakt zur Göttin herzustellen, da dies genau die Nacht ist, in der die Tore zur Schattenwelt am weitesten offen stehen. Der Gefährte der Göttin, in Form der Fruchtbarkeit der Felder, stirbt und wird rituell der Erde zurückgegeben.

Samhain wird auch Blutmond genannt und ist als besonderes Hexenfest bekannt. Ein Moment, um Einkehr zu halten und sich mit dem Inneren und der eigenen Sterblichkeit zu beschäftigen. Ebenso die beste Zeit für magische Arbeiten. Zu diesem Zeitpunkt werden die Botschaften der Göttin aus der jenseitigen Welt empfangen und gedeutet. Altes wird losgelassen, und Neuem wird Platz gemacht.

Ritual

Dekorieren Sie den Altar in Rot und Schwarz und legen Sie einen Mistelzweig darauf. Verwenden Sie schwarze und rote Kerzen, als Symbole des Todes und der Wiedergeburt. Räuchern Sie Myrrhe, Weihrauch, Beifuß und Zedernholz.

Als Erstes entzünden Sie eine schwarze Kerze und überlegen bei diesem Ritual, was Sie alles loslassen möchten. Schreiben Sie auf einen Zettel all die Dinge, die Sie hinter sich lassen möchten. Sie können auch Symbole dafür verwenden, wie Briefe, Bilder etc. In ein schwarzes Tuch legen Sie eine Rosenknospe, etwas Salz, Beifuß und Ihren Zettel mitsamt den Symbolen und träufeln etwas Wachs der schwarzen Kerze darauf. Verschnüren Sie das Tuch mit einem schwarzen Bindfaden zu einem Beutel. Gehen Sie damit zu einem fließenden Gewässer. Halten Sie den Beutel noch einige Minuten in Ihren Händen und lassen Sie alles Unangenehme und Vergangene hineinfließen. Dann werfen Sie den Beutel in hohem Bogen weit weg in das Wasser. Drehen Sie sich nicht mehr um, wenn Sie nach Hause gehen.

Räuchern Sie dort Mastix, Zeder und Sandelholz und entzünden Sie die rote Kerze. Visualisieren und meditieren Sie über Ihre Zukunft. Schreiben Sie Ihre Gedanken ins Buch der Schatten und tropfen Sie ein wenig rotes Wachs darauf.

Julfest

Wintersonnenwende oder Mittwinternacht, 21./22. Dezember

Dabei handelt es sich um die längste Nacht des Jahres. Ab diesem Zeitpunkt hat die Sonne ihren halbjährlichen Abstieg beendet und beginnt, wieder an Kraft zu gewinnen. Rein heidnischen Ursprungs sind der geschmückte Tannenbaum mit den vielen Lichtern (Wiedergeburt des Lichts) sowie die darunter verteilten Geschenke, die zu Ehren des Lichtgottes Luzifer (»Luce« = Licht, Lichtbringer) dargebracht werden. Das Julfest war und ist für Hexen ein Fest des Lichts, der Freude und der Hoffnung.

Ritual

Der Altar wird mit Mistel- und Tannenzweigen, mit Nüssen, Äpfeln und Rosinen geschmückt. In seine Mitte wird eine dicke weiße Kerze als Symbol des ewigen Lebens gestellt. Lorbeerblätter, Zimt, Wacholder-, Zedernholz und Copal werden geräuchert. Wenn Sie allein feiern, machen Sie sich selbst ein kleines Geschenk.

Für die künftigen Mondmonate werden 13 rote Kerzen entzündet. Rot ist die Farbe der Lebensenergie. Haben Sie ein bestimmtes Ziel vor Augen, bestreichen Sie die entsprechende Monatskerze mit einem Desire-(Wunscherfüllungs-)Öl. Dabei wünschen Sie sich, dass Sie Ihr Ziel in diesem Zeitraum erreichen. Was soll bei Ihnen an Kraft zunehmen? Notieren Sie Ihre Pläne für das neue Jahr in Ihr Buch der Schatten. Nach dem Ritual legen Sie eine kleine Opfergabe für die Göttlichkeit auf einem Stück Eichenrinde bei Ihrem Lieblingsbaum ab.

Spezielle Rituale

Alle Rituale sind nach Themenbereichen geordnet und mit * für den entsprechenden Schwierigkeitsgrad versehen: * = leicht; ** = mittel; *** = schwierig und aufwändig.
Zu Dekoration des Altars und Ziehen des Schutzkreises siehe Seite 36f. und 61.

Liebe und Anziehung

Grundsätzliches zum Thema Liebeszauber

Bedenken Sie bei einem Liebeszauber stets, ob es wirklich das ist, was Sie möchten. Die folgenden Punkte sollten Sie immer beachten:

- Nehmen Sie nie jemand anderem den Partner weg, egal, wie sehr Sie ihn/sie begehren!
- Versuchen Sie nie, jemanden nur zum Spaß an sich zu binden.
- Sprechen Sie keinen Wunsch aus, in dem Sie ihm oder ihr ewige Liebe und Treue über den Tod hinaus schwören.
- Beachten Sie, dass mit Freundlichkeit und einem Lächeln so manche Tür zum Herzen leichter und schneller geöffnet wird. Es ist die innere Strahlkraft, die letztendlich anziehend und begehrenswert macht. Glauben Sie an sich und finden Sie sich selbst schön, dann werden alle anderen Sie ebenfalls attraktiv und anziehend finden. Vertrauen Sie darauf, dass die Göttlichkeit für Sie genau den richtigen Partner bereithält, glauben Sie an Ihr Glück – dann wird es auch zu Ihnen finden.

Ritual zur Steigerung des Charismas *

Charismatiker sind Menschen, die auf andere eine geradezu hypnotische Anziehungskraft ausüben. Um Ihr persönliches Charisma zu steigern, empfehle ich folgendes Ritual.
Sie benötigen:

- Liebesöl Ihrer Wahl
- Durchgefärbte rote Kerze
- Liebesräucherwerk »Liebeszauber« oder Rosenblüten, Patschuli, Styrax, Räucherutensilien

Achten Sie bei der Wahl des Liebesöls darauf, dass Ihnen der Duft absolut zusagt. Denn nur wenn Sie gerne mit diesem Öl arbeiten, werden Sie auch den entsprechenden Erfolg verzeichnen können.
Beginnen Sie an einem Freitag, dem Tag der Liebesgöttinnen Freya und Venus, bei zunehmendem Mond. Salben Sie die rote Kerze mit Ihrem Liebesöl und entzünden Sie diese. Zusätzlich und zur Verstärkung räuchern Sie »Liebeszauber«, um die notwendigen gedanklichen Energien für Ihre Wünsche zu bündeln und zur Göttlichkeit aufsteigen zu lassen. Konzentrieren Sie sich nun auf Ihre Ausstrahlung. Stellen Sie sich bildlich vor, wie Sie von innen heraus zu strahlen beginnen. Erschaffen Sie von sich selbst ein Idealbild. Und an diesem Ideal halten Sie fest. Verankern Sie es in Ihrem Kopf. Mit dem Abklingen Ihrer Konzentration löschen Sie die Kerze. Mit jeder Wiederholung dieses Rituals verstärkt sich Ihre Strahlkraft. Ihr Charisma steigert sich, und Ihre Mitmenschen

werden positiv auf die Veränderung, die in Ihnen vorgeht, reagieren. Wiederholen Sie dieses Ritual, bis die rote Kerze völlig abgebrannt ist. Tragen Sie täglich einige Tropfen des Liebesöls anstatt eines Parfüms auf. Träufeln Sie öfter einige Tropfen davon in die Duftlampe. Wenn Sie ein Bad nehmen, fügen Sie das entsprechende Öl dem Badewasser hinzu. Oder: Wenn Sie einen Brief an Ihre geliebte Person schicken, tragen Sie etwas von einem Liebesöl auf das Briefpapier auf.
Vergessen Sie nicht, dass ein Lächeln, ein gepflegtes und hübsches Aussehen die Grundvoraussetzungen für einen Neubeginn in Beziehungen sind. Machen Sie es jeden Tag ein bisschen besser als am Tag davor und geben Sie jedem Tag Ihres Lebens die Chance, der schönste Ihres Daseins zu werden.

Ritual zur Festigung einer Liebe *

Sie benötigen:

- Alraune
- Rotes Beutelchen

Wählen Sie für dieses kleine Ritual die zunehmende Mondphase und einen Freitag. Ziehen Sie sich nackt aus. Nennen Sie dreimal den Namen Ihrer geliebten Person und dreimal Ihren eigenen Namen. Schneiden Sie in einer Vollmondnacht Ihrem geliebten Partner ein paar Haare ab, während er schläft. Tragen Sie diese mit dem Stück einer Alraune in einem kleinen roten Beutelchen ständig bei sich.

Kerzenritual für die Liebe ***

Sie benötigen:

- Rotes Altartuch
- 5 rote Stabkerzen
- Rote Figurenkerze Mann
- Liebe-mich- und Komm-zu-mir-Öl
- Rosenblätter
- Liebeszauberräucherung, Räucherutensilien
- Pergamentpapier
- Taubenbluttinte, Schreibfeder
- Lotuswurzel

Beginnen Sie an einem Freitag bei zunehmendem Mond. Dekorieren Sie die Ritualgegenstände auf dem Altar und entzünden Sie die Räucherung. Ölen Sie die fünf Kerzen mit Komm-zu-mir-Öl ein und tragen Sie etwas von dem Öl ebenfalls an den Handgelenken und im Nacken auf. Formieren Sie die Kerzen in einem Halbkreis und entzünden Sie diese. Notieren Sie mit Taubenbluttinte auf das Pergamentpapier Ihre Wünsche und Vorstellungen bzw. den Namen oder die Eigenschaften der ersehnten Person. Ölen Sie das Pergamentpapier mit Komm-zu-mir-Öl ein.
Danach bestreichen Sie die Figurenkerze Mann mit Liebe-mich- und Komm-zu-mir-Öl. Als Nächstes halten Sie die Kerze in Ihren Händen und sprechen fünfmal den folgenden Zauberspruch laut aus:

»Göttin der Liebe, erhöre mein Flehen:
Zu zweit durch das Leben möchte ich gehen.
Führe ... (Name), den Mann/die Frau
meiner Träume, zu mir.
Im Namen der Liebe, Göttin,
ich danke dir.«

Stellen Sie die Kerze vor sich auf das Pergamentpapier und entzünden Sie diese. Streuen Sie die Rosenblätter um die Figurenkerze und konzentrieren Sie sich dabei auf Ihre Wunscherfüllung. Bestreichen Sie jetzt die Lotuswurzel sowohl mit Liebe-mich- als auch mit Komm-zu-mir-Öl. Umschließen Sie die Wurzel fest mit der linken Hand. Wiederholen Sie dabei fünfmal diesen Zauberspruch:

»Wurzel der Liebe, Wurzel der Kraft:
Bring rasch ... (eventuell Name)
den/die Richtige(n) zu mir.
Feuer der Liebe, sei nun entfacht!«

Halten Sie die Wurzel über den magischen Liebesrauch und tragen Sie diese danach ständig bei sich. Wiederholen Sie dieses Ritual in sieben Nächten, indem Sie räuchern, die Kerzen anzünden, sich konzentrieren und die Zaubersprüche aufsagen. In der letzten Nacht reiben Sie etwas von der Lotuswurzel ab und räuchern sie zusammen mit der Liebeszaubermischung. Dann lassen Sie alle Kerzen komplett abbrennen. In der Regel verbindet sich das Wachs der Figurenkerze mit dem Pergamentpapier. Zu guter Letzt vergraben Sie die Wachs- und Räucherreste samt Pergament an einem romantischen Platz oder z. B. unter einem Apfelbaum. Die Wurzel tragen Sie als magischen Verstärker stets bei sich, bis der Wunschpartner in Ihr Leben getreten ist.

Puppenzauber für die Liebe ***

Sie benötigen:

- 9 rote Stabkerzen
- Magische Öle, wie Komm-zu-mir-, Hexing- und Orgasmusöl
- Liebeskräuter (z. B. Rosenblätter, Damiana, Patschuli), Räucherutensilien
- Stoffpuppe (männlich oder weiblich)
- Nähzeug
- 9 frische rote Rosen
- Pergamentpapier
- Taubenbluttinte, Schreibfeder
- Rosenquarz (unter fließendem Wasser gereinigt)
- Sarsaparillawurzel
- Rote Schnur
- Roter Seidenstoff

Beginnen Sie dieses Ritual an einem Freitag bei zunehmendem Mond und ölen Sie alle Kerzen mit Komm-zu-mir-Öl ein. Entzünden Sie die Räucherkohle. Falls Sie ein Bild der ersehnten Person oder einen anderen persönlichen Gegenstand haben, legen Sie es zu der Puppe. Streuen Sie etwas von den Liebeskräutern auf die Räucherkohle. Danach trennen Sie die Puppe ein wenig an der Naht auf und befüllen sie mit Liebeskräutern, einem Stück Nagel Ihres linken kleinen Fingers, Rosenblüten und dem persönlichen Gegenstand. Träufeln Sie einige Tropfen des Liebesöls dazu. Nun verschließen Sie die Puppe wieder. Anschließend schreiben Sie Namen und Geburtsdatum der geliebten Person auf das Pergament. Bei noch offenem Wunschpartner schreiben Sie dessen wichtigste Eigenschaften und Ihr konkretes Wunschziel auf. Bestreichen Sie Rosenquarz, Papier und Wurzel mit Orgasmus- und Hexingöl und tragen Sie die magischen Öle auch bei sich auf Hände und Nacken auf. Umwickeln Sie die Wurzel mit dem Pergament und binden Sie das Papier samt Wurzel mit der roten Schnur fest an die Puppe. Während Sie drei Knoten machen, wiederholen Sie laut bei jedem Knoten dreimal Ihren Wunsch.
Stellen Sie nun die Kerzen kreisförmig auf und legen Sie die Puppe in die Mitte. Streuen Sie Rosenknospen um die Puppe in dem Kerzenkreis. Entzünden Sie die Kerzen und wiederholen Sie sehr konzentriert und inbrünstig neunmal folgenden magischen Spruch:

»Flammen der Leidenschaft brennen in mir.
Meine Gedanken führen dich zu mir,
in Liebe vereint für lange Zeit
durch die Kraft der Magie,
dein Herz ist bereit!«

Nehmen Sie den Rosenquarz in die linke Hand (Herzseite). Meditieren Sie einige Zeit über Ihre erwünschte Beziehung. Stellen Sie sich Ihr Ziel möglichst bildlich vor. Verstärken Sie dieses Bild mit liebevollen Gefühlen – dies steigert die Wirkung und den Erfolg enorm. Festigen Sie dieses Wunschbild einer glücklichen Partnerschaft in Ihrem Kopf und Herzen, lassen Sie diese Energie auch nach außen strahlen.
Wiederholen Sie dieses Ritual neun Tage hintereinander, bis alle Kerzen abgebrannt sind. Tragen Sie den Rosenquarz von nun an immer bei sich. Am neunten Tag vergraben Sie die Wachsreste bei einem Apfelbaum. Die Puppe wickeln Sie in roten Seidenstoff und bewahren diese an einem geheimen Ort auf. Beduften Sie sich immer, bevor Sie ausgehen, mit dem Liebesöl. Ich empfehle Ihnen, auch weiterhin freitags eine rote Stabkerze mit einem Liebesöl zu bestreichen. Entzünden Sie diese und konzentrieren Sie sich währenddessen auf das erwünschte Ziel, um es schneller zu erreichen.

Heiratskerzenritual *

Heirats- oder Hochzeitskerzen sind Figurenkerzen, die die Braut mit Bräutigam darstellen. Auch hier gibt es gemäß der Farbentsprechung verschiedene Rituale.
Sie benötigen:

- Rote Heiratskerze
- Liebesöl
- Rosen- und Jasminblüten
- Rotes Beutelchen

Die roten Heiratskerzen werden verwendet, um eine Ehe aufrechtzuerhalten und die gegenseitige Zuneigung zu stärken. Dieses Ritual sollte bei zunehmendem Mond praktiziert werden. In die Kerze werden die Namen der Partner geritzt und mit Liebesöl bestrichen. Streuen Sie getrocknete Rosen- und Jasminblüten um die Kerze. Entzünden Sie die Kerze und lassen Sie diese täglich ca. 30 Minuten lang brennen. Tragen Sie nach dem Ritual ein kleines Stück Wachs, ein Bild, das Sie beide zeigt, und die Rosen- und Jasminblüten in einem roten Beutelchen bei sich.

Schutz für die Beziehung oder Ehe **

Wird die Ehe von Außenstehenden bedroht, setzt man eine schwarze Heiratskerze ein.
Sie benötigen:

- Schwarze Heiratskerze oder innen rot und außen schwarz gefärbte Liebespaarkerze
- 2 weiße Kerzen
- Durchkreuzen- und Schutzengelöl
- Liebesöl, z. B. Cleopatra-, Venusöl
- Pergamentpapier
- Drachenbluttinte, Schreibfeder
- Wacholderspitzen und Salz
- Schwarzes Tuch

Die Partnerkerzen sollten an einem Samstag bei abnehmendem Mond entzündet werden, um die negative Einflussnahme zu verringern. Die weißen Kerzen werden mit Schutzengelöl bestrichen und entzündet. Dann wird die Heiratskerze mit Cleopatra- oder Venus- sowie Schutzengelöl eingestrichen; falls notwendig, tragen Sie zusätzlich Durchkreuzenöl auf.
Der Wunsch wird auf ein Stück Pergamentpapier mit Drachenbluttinte geschrieben und unter der Kerze platziert. Tragen Sie auf Ihren

Zeigefinger das Durchkreuzenöl auf und ziehen Sie damit einen Kreis um die Kerze. Streuen Sie noch einen Kreis aus Wacholderspitzen und Salz darum. Entzünden Sie die Kerze. Am siebten Tag wird das Pergament in der Kerzenflamme verbrannt. Die Ritualreste in ein schwarzes Tuch einschlagen und an einem sicheren Ort verwahren.

Liebesritual mit roter Katzenkerze ***

Sie benötigen:

- Rotes Altartuch
- Frische rote Rosen zur Dekoration
- 1 rote Katzenkerze, 2 weiße Kerzen
- Venus-, Hexingöl
- Liebeszauber-Räucherwerk, Räucherutensilien
- Pergamentpapier
- Taubenbluttinte, Schreibfeder

Beginnen Sie das Ritual an einem Freitag bei zunehmendem Mond. Breiten Sie das Altartuch aus und arrangieren Sie die Ritualgegenstände darauf. Entzünden Sie das Räucherwerk und halten Sie einige Zeit die Katzenkerze darüber – so laden Sie die Kerze mit zusätzlicher Energie. Reiben Sie die weißen Altarkerzen mit Hexingöl, die Katzenkerze mit Venusöl ein. Entzünden Sie die weißen Kerzen.

Schreiben Sie mit Taubenbluttinte Ihren Wunsch möglichst konkret auf das Pergamentpapier. Bestreichen Sie dieses an den Ecken mit den magischen Ölen und legen Sie es unter die Katzenkerze. Streuen Sie Rosenblüten um die Kerze. Nehmen Sie eine entspannte Haltung ein und entzünden Sie die Katzenkerze. Lassen Sie diese am ersten Tag sieben Minuten brennen, am zweiten Tag elf Minuten, am dritten Tag wieder sieben Minuten, am vierten Tag wieder elf Minuten usw. Konzentrieren Sie sich während dieser sieben bis elf Minuten absolut auf Ihr Ziel. Danach bleiben Sie noch einige Zeit vor der Kerze sitzen und träumen von Ihrer ersehnten Zukunft. Später löschen Sie die Kerzen mit den Fingern wieder.

Vergessen Sie nicht, auch die zwei weißen Kerzen täglich anzuzünden sowie zu räuchern, wenn Sie das Ritual an den folgenden Tagen fortsetzen.

Wenn die Kerze zur Neige geht, wiederholen Sie den Wunsch laut, deutlich und sehr bestimmt. Verbrennen Sie das Pergament in der Flamme der Katzenkerze und sprechen Sie abschließend folgende Worte:

»Somit aktiviere ich diesen Zauber. Im Namen der Göttin, so sei es!«

Lassen Sie nun die Kerzen vollständig abbrennen. Schlagen Sie die Wachsreste in das Altartuch ein und legen Sie es unter Ihr Kopfkissen. Sie werden nicht lange warten müssen …

Liebesritual mit Siebenknopfkerze ***

Endlich soll der ersehnte Partner in Ihr Leben treten! Folgendes Ritual wird Sie dabei wirkungsvoll unterstützen:

Sie benötigen:

- Rotes Altartuch
- Rote Siebenknopfkerze
- 2 weiße Stabkerzen
- Blumen zur Dekoration
- Duftlampe
- Liebeszauber-Räucherwerk, Räucherutensilien
- Geheimnis-der-Venus- oder Panöl, Hexingöl
- Pergamentpapier
- Taubenbluttinte, Schreibfeder
- Schere
- 7 Stecknadeln mit roten Köpfchen
- 1 Rosenquarz zur Verstärkung der Energie
- 1 Bergkristall für klare Gedankenkraft

An einem Freitag bei zunehmendem Mond beginnen Sie das Ritual. Schaffen Sie sich eine angenehme und entspannte Atmosphäre.
Dekorieren Sie liebevoll alle benötigten magischen Hilfsmittel auf Ihrem Altar. Bestreichen Sie die weißen Stabkerzen mit Hexingöl und entzünden Sie diese, ebenso das Räucherwerk. Träufeln Sie etwas von dem Liebesöl in die Duftlampe. Lassen Sie sich durch die Düfte auf das Ritual einstimmen. Bestreichen Sie jeden Knopf der Siebenknopfkerze mit beiden Ölen und stellen Sie diese vor sich auf den Altar.
Nehmen Sie das Pergamentpapier und schneiden Sie es in sieben Streifen. Schreiben Sie mit Taubenbluttinte auf die einzelnen Pergamentpapierstreifen in sieben Schritten Ihren Weg zum Ziel; z. B. das erste Kennenlernen mit starker Sympathie, erstes Abendessen, das Finden vieler Gemeinsamkeiten, eine starke erotische Anziehungskraft entsteht, die erotische Spannung wird stärker und dann ...
Ebenso können Sie dieses Ritual für eine bestehende Liebe durchführen, indem Sie schreiben, wie Sie sich beide neu entdecken und wieder ineinander verlieben. Befestigen Sie nun jeden Pergamentstreifen, in der richtigen Reihenfolge, mit einer Stecknadel an dem jeweiligen Knopf der Kerze. Achten Sie darauf, dass Sie mit der Nadel auch den Docht treffen, denn dies dient der Verstärkung. Entzünden Sie den ersten Knopf und bleiben Sie so lange bei der Kerze sitzen, bis die Flamme auf die Nadel trifft. Währenddessen halten Sie den Rosenquarz und den Bergkristall in Ihren Händen und lassen Liebesenergie durch Ihre Finger in die Steine fließen. Sobald die Flamme auf die Nadel trifft, nehmen Sie den Pergamentstreifen weg und verbrennen ihn in der Kerzenflamme der Siebenknopfkerze. Dabei formulieren Sie folgenden Zauberspruch:

»Göttin, ich schicke mein Sehnen zu dir,
bring rasch den richtigen Partner zu mir!«

Danach lassen Sie den jeweiligen Knopf ganz abbrennen. Nun löschen Sie die Flamme mit den Fingern.
Wiederholen Sie dieses Ritual an sieben Tagen und lassen Sie immer den entsprechenden Knopf dabei abbrennen. Nachdem Sie den letzten Pergamentstreifen verbrannt haben, lassen Sie auch alle anderen Kerzen komplett abbrennen. Die Wachsreste ohne Stecknadeln werden unter einem Früchte tragenden Baum vergraben.
Tragen Sie das Liebesöl im Nacken, in den Armbeugen und am Halsbereich auf, bevor Sie außer Haus gehen. Führen Sie die Steine als Unterstützung ständig bei sich. Kleiden Sie sich hübsch und schminken Sie sich ansprechend, denn jeden Tag kann Ihnen Ihr zukünftiger Partner über den Weg laufen!

Zur Einstimmung auf eine magische Liebesnacht **

Gerade die Einstimmung auf die erste Liebesnacht sollte magisch genutzt werden. In orientalischen Ländern nimmt speziell die rituelle Vorbereitung in Liebesangelegenheiten einen sehr wichtigen Stellenwert ein.

Sie benötigen:

- Liebeszauber-Räucherung, Räucherutensilien
- Liebeskräuterbad
- Orgasmus- und Liebesöl
- Duftlampe
- Rote Figurenkerze Mann/Frau
- Stecknadel mit rotem Kopf
- Pergamentpapier
- Taubenbluttinte, Schreibfeder
- Bild der ersehnten Person (optional)

Zelebrieren Sie das Ritual unmittelbar vor Ihrem Treffen mit der zu bezaubernden Person oder an einem Freitag bei zunehmendem Mond. Zünden Sie eine Räucherkohle an. Nehmen Sie in der Zwischenzeit zur Einstimmung ein Liebeskräuterbad, das eine entspannende Wirkung hat. Nach ca. 15 Minuten steigen Sie aus der Badewanne, trocknen sich jedoch nicht vollständig ab und legen Liebesräucherwerk auf. Stellen Sie das Räuchergefäß auf den Boden und steigen Sie mit Ihrem nackten Körper in den duftenden Rauch. Weihen Sie Ihren Körper darin. Im weiteren Verlauf sollten Sie das Ritual nackt zelebrieren oder sich nur lose ein rotes Tuch umschlagen. Anschließend tragen Sie bei sich ein paar Tropfen des Orgasmusöls auf. Träufeln Sie zusätzlich einige Tropfen des Liebesöls in die Duftlampe, um den gesamten Wohnbereich in eine erotische Schwingung zu versetzen.

Nehmen Sie nun die rote Figurenkerze (Mann oder Frau, entsprechend dem Partner, den Sie anziehen möchten), personifizieren Sie die Kerze, indem Sie mit der Nadel Name und Geburtsdatum darin einritzen. Bestreichen Sie die Kerze mit Orgasmusöl. Dann schreiben Sie mit Taubenbluttinte auf ein Stück Pergamentpapier Ihr Wunschziel in Bezug auf die ersehnte Person. Nachdem Sie Ihre Bitten und Sehnsüchte aufgeschrieben haben, bestreichen Sie das Pergamentpapier ebenfalls mit den Liebesölen. Befestigen Sie es mit Hilfe einer Stecknadel mit rotem Köpfchen an der Figurenkerze in der Mitte der Brust (der Herzgegend). Achten Sie dabei darauf, mit der Nadel den Docht zu treffen. Setzen Sie sich vor die Kerze und nehmen Sie eine entspannte Haltung ein. Falls Sie ein Bild der begehrten Person besitzen, legen Sie es ebenfalls vor sich. Streuen Sie noch einmal etwas Räucherwerk auf und entzünden Sie die Kerze. Konzentrieren Sie sich nun völlig auf die von Ihnen gewünschte zukünftige Situation. Stellen Sie sich Ihr Wunschziel so konkret wie möglich vor und halten das Bild vor Ihrem inneren Auge fest – verankern Sie es.

Lassen Sie die Kerzenflamme so lange brennen, bis die Flamme auf die Nadel trifft. Nehmen Sie dann das Pergament ab und lesen Sie nochmals dreimal Ihren Wunsch laut vor. Danach verbrennen Sie das Pergament in der magischen Flamme. Während die Kerze weiter abbrennt, bereiten Sie sich auf Ihre Liebesnacht vor.

Partnerrückführung ***

Das Unfassbare ist passiert, die geliebte Person ist weg! Jedoch man kann nicht aufhören, an diesen Menschen zu denken, und spürt noch immer starke Liebe im blutenden Herzen. Falls dieses schmerzliche Gefühl nach einigen

Wochen noch immer nicht nachgelassen hat, hier ein Rettungsseil.

Sie benötigen:

- Rotes Altartuch
- 2 weiße Kerzen
- Komm-zurück- und Magieöl
- Liebesweihrauch, Räucherutensilien
- 2 rote Figurenkerzen Mann und Frau
- Stecknadel mit rotem Kopf
- Iriswurzel
- Opfergabe

Führen Sie dieses Ritual einige Tage vor Vollmond durch. (Ein sehr guter Zeitpunkt wäre auch bei rückläufiger Venus!) Bestreichen Sie die weißen Kerzen mit Magieöl und entzünden Sie diese. Auf ein glühendes Kohlestück streuen Sie die Liebesräucherung. Nehmen Sie zuerst die Frau-, dann die Mannkerze und halten Sie diese über den magischen Rauch. Jetzt ritzen Sie mit der Nadel jeweils in die entsprechende Kerze Namen und Geburtstag ein. Danach taufen Sie die beiden Figurenkerzen, indem Sie diese mit Komm-zurück-Öl bestreichen und dreimal Ihre Lebensenergie darauf hauchen. Hierbei gehen die Kräfte des Öls und Ihre eigene magische Energie auf die Kerzen über.

Stellen Sie die Kerzen in einem kleinen Abstand zueinander auf und entzünden Sie diese. Räuchern Sie anschließend wieder Liebesweihrauch und konzentrieren Sie sich während Ihrer magischen Arbeit voll und ganz auf sich und die zu bezaubernde Person. Halten Sie währenddessen die Iriswurzel in Ihren Händen und lassen Sie Ihre Liebesenergie in die Wurzel fließen. Stellen Sie sich z. B. vor, wie Sie beide wieder gemeinsam eine schöne und liebevolle Zeit verbringen. Mit dem Nachlassen der Konzentration löschen Sie die Kerzen.

Tragen Sie danach die Wurzel als magische Unterstützung stets bei sich. Rücken Sie die Figurenkerzen in den aufeinander folgenden Nächten immer näher zusammen. Räuchern Sie jedes Mal Liebeszauber. Konzentrieren Sie sich einige Zeit intensiv auf Ihre beständige Liebe und wünschen Sie sich inbrünstig eine gemeinsame Zukunft mit der begehrten Person. Anschließend löschen Sie die Kerzen mit den Fingern wieder. Am Tag des Vollmonds sollten sich die beiden Kerzen berühren und vereint komplett abbrennen. In dieser Zeit räuchern Sie »Liebeszauber« und visualisieren Ihren Wunsch, mit dem ersehnten Menschen wieder in Liebe vereint zu sein.

Die Ritualreste vergraben Sie bei einem Frucht tragenden Baum (z. B. Apfelbaum) und legen eine Opfergabe für die Göttlichkeit dazu, z. B. eine Rose (Symbol für die Liebe). Dazu träufeln Sie etwas Komm-zurück-Öl auf die Erde. Die Iriswurzel tragen Sie weiterhin als Talisman der Liebe bei sich, bis der erwünschte Partner wieder in Ihr Leben zurückfindet.

Vollmond-Liebeszauber *

Sie benötigen:

- Rote Kerze
- Liebesöl nach Wahl, z. B. »Nymphe«, »Liebe mich« oder »Cleopatra«
- Rotes Teelicht

Gehen Sie in einer Vollmondnacht hinaus ins Freie. Ritzen Sie mit dem Fingernagel die Worte »Liebe und Glück« und Ihren eigenen Namen in die rote Kerze. Danach streichen Sie die Kerze mit dem Liebesöl ein. Blicken Sie zum Mond und halten Sie dabei die Kerze mit beiden Händen der Mondkraft entgegen. Bitten Sie die Göttin um einen geeigneten Partner für Sie. Stellen Sie sich zusätzlich die ersehnte Person vor. Spüren Sie, wie die Kerze mit der Kraft des Mondes aufgeladen wird, und sprechen Sie dabei folgende Worte:

»Mond der Liebe, bringe hier
einen Liebsten her zu mir.
Den, den du mir zugedacht,
zeige mir in dieser Nacht.«

Verweilen Sie noch kurz und lassen Sie Ihre Liebesenergie in die Kerze einfließen. Denken Sie darüber nach, was Sie selbst dazu beitragen können, um diesen Wunsch wahr werden zu lassen. Entzünden Sie das Teelicht und lassen Sie es an diesem Platz abbrennen (Feuergefahr ausschließen!).

Zu Hause zünden Sie die rote Kerze an. Träufeln Sie auch etwas von dem Liebesöl in die Duftlampe. Bereiten Sie sich eine angenehme Stimmung mit schönen Düften und Musik. Lassen Sie die Kerze in der Vollmondnacht abbrennen und schicken Sie dabei Ihren Wunsch empor zur Mondgöttin. In dieser Nacht wird Ihr Zukünftiger Ihnen im Traum erscheinen. Vertrauen Sie der magischen Kraft des Vollmonds!

Liebeszauber mit zwei Puppen ***

Sie benötigen:

- Rassel
- Liebespulver (Damiana, Melisse, Zimtrinde und Rosenblätter, zerrieben), Räucherutensilien
- Etwas Meersalz
- Schale mit Wasser
- 2 weiße Kerzen
- Pan- oder Liebe-anziehen-Öl, Hexing- und Schutzöl
- 5 rote Kerzen
- Pergamentpapier
- Taubenbluttinte, Schreibfeder
- Oshawurzel (Kraft- und Willenswurzel)
- 2 magische Stoffpüppchen
- 2 frische rote Rosen
- 6 Liebesperlen
- Haarlocke von Ihnen
- Rotes Band

Zur Einstimmung rasseln Sie sich in einen meditativen Zustand. Danach wird Räucherkohle entzündet und etwas Meersalz in einer Schale mit Wasser aufgelöst. Bestreichen Sie dann die beiden weißen Kerzen mit einem Schutzöl und entzünden Sie diese.

Als Nächstes bestreichen Sie die roten Kerzen mit Pan- oder Liebe-anziehen- und Hexingöl. Räuchern Sie zwischendurch immer wieder von dem Liebesweihrauch zur Verstärkung. Malen Sie mit Taubenbluttinte ein großes Herz auf das Pergamentpapier. Nehmen Sie die Wurzel in die linke Hand und konzentrieren Sie sich auf Ihr Ziel. Anschließend schreiben Sie Ihren Wunsch in das Herz hinein.

Nun nehmen Sie die weibliche Puppe und befüllen diese mit dem magischen Liebespulver, Rosenblüten, etwas Salz, dem zusammengefalteten Pergamentpapier sowie drei Liebesperlen. Versiegeln Sie die Puppe mit dem Wachs einer roten Kerze. Dann befüllen Sie die männliche Puppe ebenfalls mit dem Liebespulver, Salz, Rosenblüten, drei Liebesperlen und einer Locke Ihres Haars. Versiegeln Sie auch die männliche Puppe mit dem Wachs der roten Kerze. Danach besprengen Sie die Puppen mit dem Salzwasser und halten sie über die Räucherung. Sprechen Sie dabei Folgendes:

»Getauft sind wir im Namen der Liebe.
Gesegnet sind wir im Namen der Liebe.
Verbunden sind wir im Namen der Liebe.
So sei es – im Namen der Liebe!«

Umwickeln Sie mit dem roten Band dreimal die beiden Puppen und verknoten Sie es dreimal mit folgendem Spruch:

»Erhöre mich, Göttin der Liebe.
Erhöre mich, Göttin der Ekstase.
Schenkt mir die Liebe von ... (Name der Person).
Verbinden sollen uns Liebe und Leidenschaft.
Es sei mit uns der Götter Kraft!«

Lassen Sie die Kerzen vollständig abbrennen, während Sie intensiv an Ihren Wunschpartner denken. Vergraben Sie die Wachsreste unter einem Früchte tragenden Bausm. Die Puppen bewahren Sie an einem geheimen Ort, und die Oshawurzel tragen Sie immer bei sich. Sie wird Ihnen von nun an helfen, Ihre Beziehung zu festigen.

Wurzelliebeszauber *

Sie benötigen:

- Lotus- oder Sarsaparillawurzel
- Pergamentpapier, Taubenbluttinte, Schreibfeder
- Liebesöl, z. B. Lilithöl oder Maggie's Nr. 6
- Rote Schnur
- Kleines Beutelchen

Tragen Sie eine Lotuswurzel, die von Ihnen mit Ihren Wünschen und Bitten besprochen wird, bei sich und bestreichen Sie diese mit einem Liebesöl. Falls Sie ein Bild von Ihrem Geliebten besitzen, binden Sie es mit der Wurzel zusammen und umwickeln Sie beides mit einer roten Schnur. Knüpfen Sie sieben Knoten in sieben Tagen und bestreichen Sie die Knoten mit dem entsprechenden Liebesöl. Tragen Sie die Wurzel in einem kleinen Beutel bei sich.
Ersatzweise können Sie auch ein Stück Pergamentpapier mit dem Namen und Geburtsdatum Ihres Wunschpartners mit Taubenbluttinte beschriften und dieses immer bei sich führen.

Versöhnungszauber *

Sie haben sich mit Ihrem Partner gestritten. So etwas kann und darf vorkommen. Jedoch will keiner den ersten Schritt zur Versöhnung machen. Aber nichts ist schlimmer, als mit Groll und Zorn ins Bett zu gehen. Wenn es durch eine Aussprache nicht gleich klappt, dann probieren Sie es einmal damit: Bevor Sie ins Bett gehen, streuen Sie etwas Rosen-, Damiana- und Zimtpulver um Ihr Bett. Wiederholen Sie dabei dreimal diesen Satz:

»Friede und Liebe kehrt jetzt ins Haus –
Wut und Zorn ziehn sofort aus.«

Zusätzlich können Sie ein entspannendes Bad mit einem Schutz- und Harmonieöl, wie z. B. Cassia- oder Schutzengelöl, nehmen. Sie werden fühlen, wie sich Ihr Körper und Ihre Seele entkrampfen. Legen Sie unter jedes Kopfkissen einige Rosenblüten. Diese harmonische Schwingung wird Sie und Ihren Partner wieder versöhnlich stimmen.

Kleine Zaubereien gegen Liebeskummer *

- Melissenkrautblätter in einem kleinen Säckchen an der liebeskranken Brust getragen, vertreibt Liebeskummer.
- Nehmen Sie eine kleine Glasflasche und frische Melissenblätter. Gehen Sie in die freie Natur zu einem fließenden Gewässer. Lassen Sie sich an einer einsamen Stelle nieder und sinnieren Sie über Ihren Liebeskummer. Alle Gefühle des Trübsinns und des Leids sollten Sie jetzt zulassen. Weinen Sie ruhig, wenn Ihnen danach ist. Betrachten Sie das Wasser, das ruhig und stetig fließt, und stellen Sie sich dabei vor, wie all Ihr Schmerz und Kummer mit diesem Wasser davonschwimmen. Sie werden merken, dass dieser Gedanke Sie sehr viel ruhiger werden lässt.

Sammeln Sie sich jetzt, füllen Sie die Flasche mit Wasser und fügen Sie auch einige Melissenblätter hinzu. Befeuchten Sie Ihre Finger mit dem Wasser, bestreichen Sie damit Ihre Herzgegend und sprechen Sie dabei laut Folgendes:

»Wasser, wasch mein Herz mir rein.
Die Melisse wird mein Helfer sein.
Schmerz und Kummer fließen fort.
Neue Kraft schöpf ich sofort.«

Werfen Sie einige der Melissenblätter in das fließende Wasser. Zu Hause leeren Sie das Wasser mit den Melissenblättern in eine schöne Schale. Stellen Sie diese Schale an Ihr Bett. Lassen Sie das Wasser dort drei Tage und drei Nächte lang stehen. Am Morgen des vierten Tages werden Sie aufwachen und feststellen, dass Ihr Herzensleid schon viel schwächer geworden ist!

Andere Talismane und Rezeptchen zur Verstärkung einer Liebe

- Bestreichen Sie Ihren Talisman mit einem Liebesöl und besprechen Sie diesen mit Ihren Wünschen und Bitten. Dann tragen Sie ihn stets bei sich (z. B. Handtasche, Hosentasche, Zauberbeutel oder als Amulett).
- Falls Sie ein Bild von Ihrem Geliebten besitzen, binden Sie es mit einem Bild von Ihnen zusammen und umwickeln Sie beide mit einer roten Schnur. Machen Sie an sieben Tagen je einen Knoten und bestreichen Sie die Knoten mit einem Liebesöl. Visualisieren Sie Ihre Wunschsituation. Ersatzweise können Sie auch auf ein Stück Pergamentpapier ein großes Herz zeichnen, eventuell den Namen und das Geburtsdatum Ihres Wunschpartners hineinschreiben, dieses Papier mit Ihrem eigenen Foto zusammenbinden und verknoten.
- Ebenso können Sie auf das Pergamentpapier sowie das Foto den Namen der entsprechenden Person mit Taubenbluttinte schreiben. Zeichnen Sie auf die Rückseite ein Pentagramm, in dessen Mitte das Zeichen der Venus und des Mars (weibliches und männliches Prinzip) steht. Streichen Sie alle vier Ecken mit einem Liebesöl ein. Dies ist ebenfalls ein kraftvolles Sigill (magisches Zeichen), das Sie schneller Ihrem gewünschten Ziel näher bringt.

Reinigungs-, Entscheidungs- und Klarheitsrituale

Da das Leben nie in geraden Bahnen verläuft und man stets mit unerwarteten Zwischenfällen rechnen muss, will ich Ihnen nachfolgend einige bewährte Rituale beschreiben, die in Phasen der Entscheidungsfindung, aber auch bei persönlichen Turbulenzen wieder mehr Struktur und Klarheit in Ihren Alltag bringen können.

Reinigungsritual für draußen **

Dieses kleine Ritual können Sie anwenden, wenn Sie sich von negativen Gefühlen sowie Ängsten reinigen und befreien wollen, aber auch, wenn Sie zu sich selbst finden möchten. Durch dieses Ritual können Sie innerlich zur Ruhe kommen und Ihren Frieden finden. Sie können diese Art von Reinigungsritual ebenfalls immer anwenden, um sich mental auf ein anderes Ritual vorzubereiten.

Sie benötigen:

- Ritualkelch
- Klares frisches Wasser
- Salz
- Hämatit oder Schutzwurzel, z. B. Teufelskralle oder Alraune

Begeben Sie sich zu Ihrem Lieblingsplatz, idealerweise in der Natur, z. B. auf eine Waldlichtung oder an einen großen Stein oder Felsen – an eine Stelle, an der Sie sich sicher und geborgen fühlen. Nehmen Sie eine bequeme Haltung ein und entspannen Sie sich. Atmen Sie einige Male tief durch. Spüren Sie, wie die frische belebende Luft in Ihre Lunge dringt. Nun füllen Sie den Kelch mit dem Wasser und fügen dann drei Prisen Salz hinzu. Schwenken Sie den Kelch im Uhrzeigersinn, bis sich das Salz nahezu aufgelöst hat, und stellen Sie ihn anschließend neben sich auf den Boden.

Halten Sie nun den Stein oder die Wurzel in beiden Hände. Lassen Sie Ihre Ängste, Sorgen, Zweifel, Enttäuschungen und Ärger in Ihr Bewusstsein treten. Betrachten Sie diese Gefühle als schwarzen Fluss aus negativen Energien. Visualisieren Sie, wie dieser dunkle Strom bei jedem Ausatmen aus Ihnen hinausgleitet und von dem Stein oder der Wurzel aufgesogen wird. Der Stein/die Wurzel nimmt die dunkle Energie in sich auf und bindet sie.

Nehmen Sie sich so viel Zeit, wie Sie brauchen, um sich gründlich gereinigt und frei zu fühlen. Legen Sie nun Stein oder Wurzel neben sich und ziehen Sie einen Kreis aus Salz darum. Nun heben Sie den Kelch empor. Atmen Sie tief ein und spüren Sie, wie neue Kraft in Sie dringt. Lassen Sie diese helle Energie in das Salzwasser fließen, bis Sie sich vorstellen können, dass es in weißem Licht erstrahlt. Gießen Sie nun dreimal etwas Wasser über den Stein/die

Wurzel, jedoch nicht alles. Stellen Sie sich vor, wie bei jedem Mal, sobald der Stein oder die Wurzel mit dem Wasser in Berührung kommt, die negativen Energien von der Kraft des Salzwassers umgewandelt werden. Die negativen Schwingungen werden aufgelöst und umgewandelt. Nach der letzten Wassertaufe erstrahlt der Stein/die Wurzel ebenfalls in hellem Licht. Ihre negativen Gefühle wurden umgewandelt. Atmen Sie tief und ruhig durch. Spüren Sie das befreiende Gefühl der Erleichterung, denn alle

Ihre Sorgen und aller Kummer sind nun von Ihnen gewichen.
Nippen Sie anschließend vom restlichen Salzwasser. Sobald Sie es auf der Zunge spüren, nehmen Sie die reinigende und heilende Kraft auch in sich selbst auf. Sorgen und Kummer wurden verwandelt in Stärke und Zuversicht. Machen Sie dies so lange, bis Sie sich vollkommen gereinigt fühlen.

Reinigungsritual für den Wohnbereich *

Mit diesem kleinen Ritual können Sie Ihr Heim effektiv von negativen Energien reinigen. Machen Sie dies am besten bei abnehmendem Mond – oder immer wenn Sie sich in Ihren eigenen vier Wänden nicht wohl fühlen. Sie können mit diesem Ritual auch wirksam negative Energie oder böse Geister vertreiben.
Sie benötigen:
- Räucherwerk zur Reinigung
- Räucherkessel, gefüllt mit Marmorsplitt
- Rassel
- Salz

Bevor Sie mit dem eigentlichen Ritual beginnen, schließen Sie alle Fenster, damit der reinigende Rauch nicht zu schnell entweichen kann. Entzünden Sie ein Stück Räucherkohle und legen Sie diese in den Räucherkessel. Nachdem die Kohle durchgeglüht ist, legen Sie eine Messerspitze der Reinigungsräucherung auf das Kohlestück.
Gehen Sie jetzt in jedes Ihrer Zimmer. Halten Sie den Kessel in Ihrer linken Hand und die Rassel in Ihrer rechten. In den Zimmern räuchern Sie gründlich jede Ecke aus, wobei Sie ständig rasseln. Sie können zusätzlich die Geister auch laut verschreien, denn laute Geräusche sollen die Wesenheiten ebenfalls zum Gehen bewegen. Denken Sie aber auch an Ihre Nachbarn – nicht, dass diese die Polizei rufen. Auch Rauchmelder sollten abgestellt werden, damit nicht die Feuerwehr plötzlich an Ihre Tür klopft. Während Sie räuchern, konzentrieren Sie sich auf die negativen Schwingungen. Versuchen Sie, diese zu lokalisieren, und visualisieren Sie, wie sie weichen und aus Ihrem Heim verschwinden. Sprechen Sie laut folgenden Satz:

»Gereinigt ist nun dieses Haus.
Alles Böse muss hinaus!«

Nachdem Sie Ihre Zimmer gereinigt haben, öffnen Sie die Fenster für einige Minuten, damit der Rauch sowie die gesammelte negative Energie schleunigst entweichen können. In dieser Zeit begeben Sie sich vor Ihre Haus- oder Wohnungstür und verstreuen dort sorgfältig das Salz, in Form eines bannenden Pentagramms, mit der Spitze nach außen. Es verhindert das erneute Eindringen von negativen Schwingungen oder auch Personen.

Die richtige Entscheidung treffen **

Sie benötigen:
- 2 gelbe Kerzen
- Visionsöl
- Kraft-der-Magie-Mischung oder Mastix und Eisenkraut, Räucherutensilien
- Pergamentpapier
- Taubenbluttinte, Schreibfeder
- Lila Kerzen (für jede Alternative 1 Kerze)
- Bergkristall

Bevor Sie beginnen, entspannen Sie sich in der Wärme eines rituell vorbereitenden Vollbads

und legen den Alltagsstress sowie alles, was Sie belastet, ab. Bereiten Sie sich innerlich auf die bevorstehende Handlung vor. Nach dem Bad hüllen Sie sich in leichte, helle Kleidung. Streichen Sie die gelben Kerzen mit Visionsöl ein und entzünden Sie diese. Tragen Sie von dem Visionsöl mit Ihrem Daumen einen Tropfen auf Ihr drittes Auge auf (oberhalb der Nasenwurzel, zwischen den Augenbrauen). Träufeln Sie außerdem einige Tropfen des Öls in Ihre Duftlampe. Entzünden Sie die Räucherung.
Schneiden Sie nun das Pergamentpapier in die Anzahl von Streifen, wie Alternativen zur Auswahl stehen. Schreiben Sie auf jeden Abschnitt mit Taubenbluttinte eine Entscheidungsmöglichkeit. Legen Sie den Zettel mit der ersten Möglichkeit vor sich hin. Sprechen Sie diese Möglichkeit laut aus, konzentrieren Sie sich darauf und ölen Sie dabei eine der lila Kerzen mit dem Visionsöl ein. Bestreichen Sie auch das Pergament an allen vier Ecken. Stellen Sie die Kerze auf den Pergamentpapierstreifen. Verfahren Sie mit jeder weiteren lila Kerze und dem dazugehörigen Pergamentpapierstreifen genauso.
Legen Sie etwas Räucherwerk nach und entzünden Sie die lila Kerzen rasch nacheinander. Nehmen Sie jetzt den Bergkristall in die Hand und formulieren Sie laut folgenden Spruch:

»Ich rufe dich an, Göttin der Klarheit!
Öffne mein Auge zur Wahrheit!
Nimm meine Hand, führ mich auf den Weg
zur richtigen Entscheidung – der Zweifel vergeht!«

Verharren Sie nun einige Zeit in Konzentration und wägen Sie jedes Für und Wider der Entscheidungsmöglichkeiten sorgfältig ab. Wenn Sie merken, dass Ihre Konzentration nachlässt, beenden Sie das Ritual. Lassen Sie aber die lila Kerzen weiterhin brennen.
Diejenige Kerze, die als Erste abgebrannt ist, zeigt Ihnen die richtige Entscheidung an.

Zauber für Klarheit und Durchblick **

Sie benötigen:
- Bergkristall
- Mastix, Rosmarin, Eisenkraut, Zedernholz, Räucherutensilien
- 1 weiße Stabkerze
- Kleines Beutelchen

Nutzen Sie dazu die Klarheit eines Bergkristalls. Räuchern Sie Mastix, Rosmarin, Eisenkraut und Zedernholz. Streichen Sie mit dem Stein dreimal über Ihre Augen und sprechen Sie jedes Mal laut dabei:

»Mit der Kraft von drei mal drei
mach die Augen klar und frei.
Göttin der Klarheit, hilf mir dabei!«

Nun halten Sie eine weiße Kerze über den magischen Rauch und entzünden diese. Lassen Sie sie in den nächsten drei Tagen abbrennen, dabei wiederholen Sie jedes Mal die oben aufgeführte Formel. Am dritten Tag, wenn die Kerze komplett abgebrannt ist, geben Sie ein Stückchen des Wachses, der Räucherung und den Stein in den kleinen Beutel und tragen diesen ständig bei sich. Ihre Verwirrung wird sich in den nächsten Tagen in Klarheit verwandeln.

Welche/r ist der/die Richtige? *

In Ihrem Leben gibt es nicht nur einen Mann/eine Frau? Sie können sich zwischen den beiden nicht entscheiden?

Sie benötigen:
- 2 oder mehr Blumenzwiebeln
- Für jede Blumenzwiebel 1 Tontopf mit Erde

Besorgen Sie sich zwei Blumenzwiebeln, stecken Sie jede davon in einen kleinen Blumentopf mit Erde und beschriften Sie die Töpfe mit dem jeweiligen Namen. Nun müssen Sie abwarten, welche Blumenzwiebel zuerst austreibt – das ist der/die Richtige!
Natürlich ist dieses Ritual erweiterbar; gegebenenfalls können Sie auch drei oder vier oder mehr Töpfe mit Blumenzwiebeln auf Ihre Fensterbank stellen.

Wurzelzauber für mehr Klarheit *

Sie benötigen:
- Natternwurzel
- Klarheitsöl
- Mastix, Eisenkraut und Wacholderholz, Räucherutensilien; alternativ: Weihrauchräucherstäbchen

Um kluge Entscheidungen zu treffen, nutzen Sie die Kraft der Natternwurzel. Sie wird mit einem Klarheitsöl eingestrichen und bei zunehmendem Mond an einem Mittwoch besprochen. Dazu räuchern Sie, halten die Wurzel über den magischen Rauch und konzentrieren sich auf Ihre Situation. Bitten Sie die Göttin der Klarheit um Hilfe. Achten Sie darauf, dass Sie während des Rituals ein grünes Kleidungsstück tragen, z. B. ein grünes Tuch oder einen Schal. Formulieren Sie folgenden Zauberspruch:

»Wirrsal und Chaos jetzt verschwinden.
Den richtigen Weg werd ich nun finden.
Klarheit, komm durch Wurzelkraft!
Jetzt wird Hilfe mir gebracht!«

Wiederholen Sie dieses Ritual öfter, bis die Ungewissheit wie ein Schleier von Ihnen genommen wird und alles plötzlich klar ist. Tragen Sie weiterhin die Wurzel als magische Unterstützung bei sich.

Ritual für Neuorientierung **

Sie sind an einem Wendepunkt in Ihrem Leben angelangt und wissen nicht, wohin der Weg Sie führen wird? Hier meine Orientierungshilfe.
Sie benötigen:
- Reinigungsräucherung, Räucherutensilien
- 1 weiße Kerze
- Neuer-Weg-Öl
- Kasariwurzel oder Ihr persönlicher Glücksstein

Beginnen Sie dieses Ritual zu Neumond mit einer Reinigungsräucherung. Bestreichen Sie eine weiße Kerze mit Neuer-Weg-Öl. Setzen Sie sich vor die Kerze und bitten Sie die Göttin der Klarheit intensiv um Hilfe. Stellen Sie sich dabei vor, dass Sie in einem Nebel umherwandern und die Orientierung verloren haben. Halten Sie inne und bleiben Sie in Gedanken stehen.
Nun bestreichen Sie die Kasariwurzel oder Ihren Glücksstein mit dem magischen Öl.

Konzentrieren Sie sich auf die Kraft der Wurzel oder die Energie des Steins und sprechen Sie dabei langsam und andächtig folgende Worte:

»Drehn und wenden – Pech beenden.
Neues kommt, was Glück mir bringt.
Alles mir ab jetzt gelingt!«

Stehen Sie auf und pressen Sie dreimal hintereinander fest Ihre Hände mit der Wurzel oder dem Stein auf die geschlossenen Augen. Jetzt öffnen Sie Ihre Augen wieder. Spüren Sie, wie die Nebel sich langsam lichten und Klarheit Sie umgibt. Sie werden wieder deutlich Ihren Weg vor sich sehen.

Verschiedene Rituale

Vergessen Sie bei allen »Bestellungen an den Kosmos« nicht, auch der Göttlichkeit zu gedenken und vor allem zu danken. Wie Sie das praktizieren, erfahren Sie hier genau.
Darüber hinaus finden Sie Rituale zur Persönlichkeitsstärkung, Zeremonien zur Steigerung der Hellsicht und kleine Wunschzaubereien.

Vollmondritual zu Ehren der Göttlichkeit **

Sie benötigen:

- 2 weiße Kerzen, 1 silberne Kerze
- Göttin-, Cassia- oder Schutzengelöl
- Kelch mit Weißwein
- Dolch

Nutzen Sie die volle Kraft des Mondes und errichten Sie einen kleinen Altar. Darauf platzieren Sie zwei weiße, mit Cassia- oder Schutzengelöl bestrichene Kerzen und eine dicke silberne Kerze zu Ehren der Göttin. Streichen Sie diese Kerze mit Göttinöl ein. Stellen Sie ebenfalls den Kelch mit Weißwein neben sich. Nehmen Sie Ihren Ritualdolch zur Hand und ziehen Sie den Schutzkreis (im Uhrzeigersinn). Beschwören Sie die Wächter der Elemente, wie bereits auf Seite 62 beschrieben. Entzünden Sie die Kerzen. Blicken Sie zum Mond, breiten Sie die Arme aus und strecken Sie diese dem Vollmond entgegen. Schließen Sie die Augen und sprechen Sie folgende Worte:

»Göttin des Mondes, große Mutter! Ich rufe dich, schütze mich und meine Lieben vor allen Gefahren und führe uns sicher an deiner Hand durch alle Prüfungen des Lebens.
Göttin des Lichts, erfülle unsere Herzen mit deiner Liebe, schenke uns Zufriedenheit, Zuversicht und Stärke, um allen Herausforderungen des Lebens sicher gewachsen zu sein.
Segne mich, große Erdenmutter!«

Anschließend bleiben Sie einige Minuten ruhig stehen und stellen sich vor, dass vom vollen Mond ein heller silberner Strahl auf Sie herabkommt und Sie in ein silbern schimmerndes Licht hüllt. Sie fühlen die Liebe und die unglaubliche Kraft der göttlichen Energie. Nehmen Sie den Kelch in beide Hände und halten Sie ihn gen Mond. Sprechen Sie dabei:

»Gesegnet sei dieser Wein, im Namen der Göttin des Mondes, die heute in ihrer vollen Pracht erstrahlt.«

Trinken Sie einen Schluck davon. Bieten Sie auch der Göttin eine Opfergabe dar, indem Sie einige Tropfen auf die Erde bzw. in einen

Blumentopf träufeln. Bedanken Sie sich bei der Göttin dafür, dass sie während des Rituals bei Ihnen war. Anschließend entlassen Sie die Wächter der Elemente (wie beschrieben auf Seite 62) und danken ihnen ebenfalls für ihren Schutz.
Heben Sie die silberne Kerze auf (falls sie nicht abgebrannt ist), damit Sie diese für das nächste Vollmondfest wieder verwenden können.

Dankesritual an die Göttlichkeit *

Nach vielen Wunsch- und Bittritualen sollten Sie von Zeit zu Zeit der Göttlichkeit auch einmal Dankeschön sagen. Gründe gibt es dafür viele, wie beispielsweise ein Dach über dem Kopf zu haben, gesund zu sein, genug zu essen oder gesunde Kinder zu haben, eine glückliche Partnerschaft zu führen etc.
Sie benötigen:

- Räuchermischung »Dank an die Göttin«, Räucherutensilien
- Frische Blumen
- 1 große weiße Kerze
- Weißes Altartuch
- Opfergaben, z. B. Blumen, schöne Steine, Früchte etc.
- Schale mit Wasser
- Rosenblüten
- Schale mit Erde
- Blumentopf mit Erde und Blumensamen

Sie können dieses Ritual an jedem beliebigen Tag durchführen. Bedecken Sie den Altar mit dem weißen Tuch, dekorieren Sie ihn besonders liebevoll, schmücken Sie ihn mit frischen Blumen und arrangieren Sie die Opfergaben darauf. Legen Sie das Räucherwerk auf die durchgeglühte Kohle und sprechen Sie dabei laut folgenden Satz:

»Wesen der Luft,
seid gesegnet im Namen der Göttin!
Ich danke euch für eure Hilfe!
Steht mir weiterhin bei auf meinem Lebensweg.«

Nun nehmen Sie die Schale mit Wasser und streuen die Rosenblüten ins Wasser. Sagen Sie dabei laut:

»Wesen des Wassers,
seid gesegnet im Namen der Göttin!
Ich danke euch für eure Hilfe!
Steht mir weiterhin bei auf meinem Lebensweg.«

Entzünden Sie nun die weiße Kerze. Sagen Sie dabei laut:

»Wesen des Feuers,
seid gesegnet im Namen der Göttin!
Ich danke euch für eure Hilfe!
Steht mir weiterhin bei auf meinem Lebensweg.«

Nehmen Sie abschließend die Schale mit Erde. Sprechen Sie dabei:

»Wesen der Erde,
seid gesegnet im Namen der Göttin!
Ich danke euch für eure Hilfe!
Steht mir weiterhin bei auf meinem Lebensweg.«

Legen Sie etwas Dankesräucherung auf die Kohle, nehmen Sie eine bequeme Haltung ein. Danken Sie – entweder in Gedanken oder auch laut – der Göttlichkeit für ihre Hilfe, die Ihnen immer wieder zuteil wird.
Nehmen Sie den Blumentopf mit Erde und fügen Sie auch die Asche der Räucherung hinzu. Pflanzen Sie eine schöne Blume und gießen Sie diese mit dem Wasser Ihres Dankesrituals.

Hegen und pflegen Sie die Blume liebevoll, als Zeichen Ihrer Ehrerbietung an die Göttlichkeit.

Persönlichkeitsstärkung *

Sie benötigen:

- Bild von sich selbst
- 1 rote Kerze
- Magisches Öl, z. B. »Charisma«, »Willenskraft«
- Energieräucherung, Räucherutensilien
- Amethyststein
- Kasariwurzel

Beginnen Sie am besten in der zunehmenden Mondphase. Wählen Sie ein Bild von sich, auf dem Sie sich wunderschön finden. Sie sollten darauf möglichst allein zu sehen sein, eine tolle Ausstrahlung haben – kurz gesagt, sich rundum wohl und stark fühlen.

Bestreichen Sie eine rote Kerze mit dem magischen Öl. Entzünden Sie eine Energieräucherung oder verwenden Sie ein Räucherstäbchen Ihrer Wahl. Danach nehmen Sie den Amethyst und die Kasariwurzel in die Hand, bestreichen Sie beide magischen Helfer mit dem Öl. Platzieren Sie das »Superbild« von Ihnen vor der Kerze und entzünden Sie diese.

Halten Sie den Stein in der linken Hand und die Wurzel in der rechten. Lassen Sie nun die Energie der Wurzel und des Steins, diese geballte Erdenergie, durch sich hindurchfließen. Konzentrieren Sie sich nun auf das Foto vor Ihnen. Holen Sie sich die Situation von damals wieder ins Gedächtnis zurück. Das sind Sie! Sehen Sie sich an, wie Sie damals gestrahlt haben. Konzentrieren Sie sich einige Minuten lang intensiv auf das Bild. Verankern Sie dieses positive Gefühl in Ihrem Kopf und Herzen.

Danach schließen Sie die Augen und blasen die Kerze aus. Wiederholen Sie dieses äußerst wirksame Ritual täglich, bis die Kerze komplett abgebrannt ist. Tragen Sie Ihr Bild mit Wurzel und Stein in einem Beutel ständig bei sich. Tragen Sie täglich das Willenskraft- oder Charismaöl auf, wenn Sie außer Haus gehen. Bald werden Sie sehr positiv von sich selbst überrascht sein!

Kleiner Wunschzauber *

Sie benötigen:

- 1 Blatt Papier, Schreibfeder
- 1 weiße Kerze

Legen Sie ein Blatt Papier vor sich auf den Tisch. Streichen Sie es glatt und schreiben Sie Ihren Wunsch so exakt wie möglich und gut leserlich darauf. Entzünden Sie nun eine weiße Kerze und schauen Sie in ihr Licht. Stellen Sie sich dabei vor, wie Ihr Wunsch sich erfüllen wird. Verbrennen Sie in der Flamme das Papier und sehen Sie zu, wie es zu Asche zerfällt. Lassen Sie die Kerze ganz abbrennen. Wiederholen Sie öfter dieses kleine Ritual – und Ihre Wunschkraft wird sich magisch erhöhen!

Lorbeerwunschzauber *

Sie benötigen:

- Fledermausbluttinte, Schreibfeder
- 1 getrocknetes Lorbeerblatt
- Magieöl
- 1 kleines Stück Kuchen
- 1 frische Rosenknospe
- Eventuell 1 kleiner Stein

Schreiben Sie mit Fledermausbluttinte Ihren Wunsch auf das getrocknete Lorbeerblatt. Bestreichen Sie die Rückseite des Blatts mit dem Magieöl. Zusammen mit dem kleinen Stück Kuchen und der Rosenknospe vergraben Sie nun das Blatt bei einem Frucht tragenden Baum. Träufeln Sie auf diese Stelle einige Tropfen des magischen Öls oder platzieren Sie darauf einen kleinen Stein. Die Energie der Naturelemente wird Ihnen bei Ihrer Wunscherfüllung behilflich sein.

Zauber für hellsichtige Träume *

Sie benötigen:
- Kampfer
- Cosmaöl
- Eisenkraut, Mastix, Räuchersieb
- 1 Kerze

Um hellsichtige Träume zu empfangen, mischen Sie Kampfer mit einen Tropfen Cosmaöl, dazu geben Sie Eisenkraut und Mastix und räuchern dies in einem Räuchersieb über einer Kerze. Verwenden Sie dazu statt der Wasserschale ein gewöhnliches Metallteesieb. Ihre Traumintensität wird sich dadurch deutlich verstärken!

Verstärkung der magischen Kräfte *

Sie benötigen:
- 1 kleines Stück Alraune
- Visions-, Hexing- und/oder Göttinöl
- Kleiner schwarzer Beutel
- Ihr persönlicher Glücksstein

Um Ihre eigenen magischen Kräfte zu verstärken, tragen Sie ein kleines Stück einer Alraunewurzel bei sich. Bestreichen Sie diese mit Visions-, Hexing- und/oder Göttinöl und tragen Sie diese Wurzel zusammen mit Ihrem Glücksstein immer in einem kleinen schwarzen Beutel bei sich.

Heilrituale

Um Ihre Selbstheilungskräfte zu mobilisieren und das Immunsystem Ihres Körpers zu stärken, kann ich Ihnen folgende bewährte Heilrituale sehr empfehlen.

Zauber gegen Warzen *

Sie benötigen:
- 1 weiße Kerze
- 1 kleine Speckschwarte

Entzünden Sie in einer Nacht bei abnehmendem Mond oder idealerweise bei Neumond eine weiße Kerze. Mit einer Speckschwarte streichen Sie über die Warze und wiederholen dabei dreimal diesen magischen Spruch:

*»Was ich bestreiche, verzehre sich,
gesunde Haut vermehre sich!«*

Danach nehmen Sie die Speckschwarte und vergraben sie im Garten. Wenn die Speckschwarte verrottet ist, wird die Warze verschwunden sein!

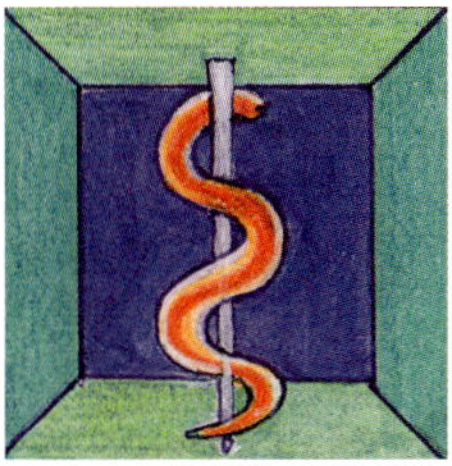

Noch ein kleiner Tipp: Um die Zersetzung der Schwarte zu beschleunigen, kann sie auch im Komposthaufen vergraben werden. Nach ca.

sechs bis acht Wochen wird die Warze abfallen. Bei Warzen an den Händen und Füßen kann man das noch zusätzlich beschleunigen durch das Bestreichen mit Schöllkrautsaft oder -tinktur; dies hilft ebenfalls sehr wirkungsvoll bei Warzen.

Heilzauber **

Sie benötigen:
- 2 weiße Stabkerzen
- Schutzengel-, Heilungs- und Durchkreuzenöl
- 1 weiße Figurenkerze Mann oder Frau
- Heilungsräucherung oder Salbei, Weihrauch, Kampfer, Rosmarin; Räucherutensilien
- Salz
- Zweig mit grünen Blättern

Beginnen Sie das Ritual an einem Samstag vor Neumond. Ölen Sie die beiden Stabkerzen mit Durchkreuzen- und Schutzengelöl ein. Platzieren Sie die beiden Kerzen links und rechts neben der Figurenkerze und entzünden Sie diese. Ritzen Sie in die Figurenkerze den Namen der kranken Person. Räuchern Sie währenddessen die Heilungsmischung.
Bestreichen Sie die Figurenkerze mit Heilungsöl. Streuen Sie nun in Kreisform Salz um die Figurenkerze. Konzentrieren Sie sich auf die kranke Person und sammeln Sie in sich Heilenergie.
Streichen Sie mit dem Zweig über die Figurenkerze und die betroffene kranke Stelle. Sprechen Sie dabei folgende Formel:

»Die Kraft der Göttin fließt durch dich.
Jede einzelne Zelle gesundet sich.
Erfüllt von Kraft und Stärke,
die Krankheit jetzt verwirke.«

Entzünden Sie jetzt die Figurenkerze und sagen Sie dabei laut:

»Dies ist das Feuer des Lebens,
das Feuer, das alles Üble verbrennt.
Und nur Gesundheit und Heilung mehr bringt.«

Konzentrieren Sie sich nun darauf, wie ein Strom weißen, heilenden Lichts durch den Körper des Kranken fließt und Genesung bringt. Wiederholen Sie dieses Ritual so oft, bis es der betroffenen Person besser geht. Danach werfen Sie die Ritualreste möglichst weit weg vom Haus des Kranken.
Achtung Dieses Ritual ersetzt nicht einen Arztbesuch, sondern dient zur Unterstützung des Heilungsprozesses!

Zauber zur Befreiung von Krankheiten **

Sie benötigen:
- Grüne Katzenkerze
- 2 weiße Kerzen
- Heilungs- und Durchkreuzenöl
- Heilungsräucherung, Räucherutensilien
- Ginsengwurzel

Praktizieren Sie diesen Zauber bei abnehmendem Mond und beginnen Sie an einem Sonntag. Dafür brauchen Sie eine grüne Katzenkerze und zwei weiße Altarkerzen. Bestreichen Sie die beiden weißen Kerzen mit Heilungsöl und entzünden Sie diese. Räuchern Sie dann die Heilungsmischung und fächeln Sie den Rauch speziell auf den kranken Bereich. Ritzen Sie den Namen der Krankheit in die grüne Katzenkerze, bestreichen Sie diese mit Durchkreuzen- und Heilungsöl und entzünden Sie die Kerze. Bitten Sie nun die Göttlichkeit um

Beistand und Hilfe. Dann projizieren Sie mit aller Konzentration die Krankheit auf die Ginsengwurzel, besprechen Sie diese damit. Auf diese Weise nimmt die Wurzel statt Ihnen die Krankheit auf. Wachsreste und Wurzel sollten Sie hinterher vergraben. Achten Sie aber darauf, dass diese Reste niemand findet, denn sonst wird dieser Mensch die Krankheit an Ihrer Stelle übernehmen.

Achtung Dieses Ritual ersetzt auf keinen Fall den Gang zum Arzt, sondern dient als Unterstützung gegen die jeweilige Krankheit!

Schutzrituale

Gerade Menschen, die im Alltag häufig verbalen Anfeindungen, Nachbarschaftskriegen oder Mobbingattacken ausgesetzt sind, empfehle ich, sich durch das Zelebrieren von Schutzritualen eine Art beständigen magischen Schutzkreis um sich herum aufzubauen.

Kontakt zum eigenen Schutzengel

Verdunkeln Sie Ihr Zimmer und stellen Sie eine weiße Kerze auf. Legen Sie sich möglichst bequem auf den Rücken, am besten auf eine Couch. Achten Sie darauf, dass weder Arme noch Beine sich kreuzen und Ihr Körper ganz ausgestreckt ist. Atmen Sie nun tief ein und wieder aus, werden Sie ganz ruhig und entspannen Sie sich. Stellen Sie sich dabei vor, wie ein Licht, dessen Ursprung aus den Tiefen des Universums kommt, auf Ihr Brustbein und das Sonnengeflecht trifft und Ihren gesamten Körper von innen heraus zum Leuchten bringt.

Nun rufen Sie in Gedanken nach Ihrem Schutzgeist. Nach einiger Zeit werden Sie eine Gestalt weit von Ihnen entfernt erkennen. Bitten Sie diese, näher zu kommen. Dies ist Ihr Schutzgeist. Versuchen Sie, ihn genau zu sehen. Stellen Sie sich vor, wie er aussieht. Es gibt sehr unterschiedliche Gestalten und Formen bei den Geistern.

Fragen Sie das Wesen nach seinem Namen oder versuchen Sie, es zu spüren. Sie dürfen ihm alles erzählen, was Sie bewegt, nach allem fragen – es wird Ihnen zuhören.

Dieses Wesen kennt Ihr Innerstes und will stets Ihr Bestes. Es fällt keine moralischen Urteile und liebt Sie, wie auch immer Sie sind. Es steht Ihnen allzeit mit Rat und Tat zur Seite. Sie müssen es nur bitten und ansprechen. Mit der Zeit werden Sie eigene Methoden finden, um einfacher und schneller mit diesem Schutzwesen zu kommunizieren.

Schutzzauber auf Reisen *

Wenn Sie einen lieben Menschen beschützen möchten, der auf eine lange Reise geht, können Sie ihm folgenden Schutzzauber mitgeben.

Sie benötigen:

- Kleiner Beutel
- Lorbeer, Eisenkraut, Melisse, Thymian
- Kleines Stück Alraune

Nehmen Sie den kleinen Beutel und geben Sie die Kräuter hinein. Besprechen Sie ein Stückchen einer Alraunewurzel mit Ihrer Bitte um Schutz für den Reisenden. Danach verknoten Sie diesen und wiederholen währenddessen einen entsprechenden Schutzspruch. Dieser Schutzbeutel hat nun eine Aufgabe und wird diese verlässlich erfüllen.

Der Zauber löst sich auf, nachdem der Reisende wieder gesund und munter nach Hause zurückgekehrt ist.

Magischer Hausschutz *

Sie benötigen:

- 1 weiße Stabkerze
- Schutzengelöl
- Kleiner Beutel
- Thymian, Salbei, Kalmus, Beifuß, Lavendel
- Kleines Stück Teufelskralle
- Kleiner Zette

Zum Schutz in Ihrem Wohnbereich bestreichen Sie die weiße Kerze mit dem Schutzengelöl. Außerdem füllen Sie die Kräuter in das kleine Beutelchen, ebenso das Stück Teufelskrallenwurzel. Auf das Zettelchen schreiben Sie folgenden Zauberspruch und bestreichen es dann ebenfalls mit dem Schutzengelöl:

»Alles Böse muss jetzt raus.
Glück zieht ein in dieses Haus!«

Umrunden Sie die weiße Kerze mit dem Schutzbeutel in der linken Hand und wiederholen Sie diesen Spruch währenddessen dreimal. Mit der rechten Hand streuen Sie zusätzlich die Schutzkräuter um die Kerze. Danach lassen Sie die Kerze ganz abbrennen. Fügen Sie dem Schutzbeutel noch ein Stück des Kerzenwachses hinzu. Die Ritualreste der Kerze und der Kräuter vergraben Sie im Garten. Den Schutzbeutel tragen Sie danach stets bei sich. Der Schutz der Götter wird Ihnen sicher sein.

Erste-Hilfe-Ritual bei Panikattacken *

Wenn Sie von einem massiven Angstgefühl überfallen werden, kann Ihnen dieser Schutz- und Bannspruch sehr gute Dienste leisten:

»Ich bin sicher geführt und beschützt,
im Namen der Göttin, so sei es!«

Wiederholen Sie diesen Spruch dreimal hintereinander und kontrollieren Sie dabei Ihre Atmung. Sie atmen ganz ruhig und bewusst ein und wieder aus. Spüren Sie, während Sie auf eine ruhige bewusste Atmung achten, wie sich behutsam eine schützende Hülle aus kraftvoller heller Energie um Sie legt. Eine Kraft, die aus der jahrtausendealten Urquelle gespeist wird und eine hochmagische Grundenergie besitzt. Nichts kann diese mächtige Schutzhülle durchbrechen – Sie sind jetzt in absoluter Sicherheit!

Schutzengelritual **

Sie benötigen:

- Rose von Jericho
- Schutzengelöl
- Schutzräucherung, Räucherutensilien
- 2 weiße Kerzen
- 1 Schutzengel-Glaskerze oder 1 dicke weiße Kerze mit Engelsmotiv
- Schale mit etwas Wasser
- Bild eines beliebigen Engels oder Ihres persönlichen Engels
- Bergkristall

Arrangieren Sie Ihren Altar in Weiß und beginnen Sie dieses Ritual an jedem beliebigen Tag, jedoch vor 22 Uhr. Bestreichen Sie die Rose

von Jericho mit dem Schutzengelöl. Entzünden Sie die Räucherung. Bestreichen Sie die beiden weißen Kerzen mit dem Schutzengelöl und zünden Sie diese an. Träufeln Sie einige Tropfen des magischen Öls ebenfalls in die Glaskerze. Weihen Sie die Kerze »im Namen der Göttin« über der Räucherung.
Entzünden Sie nun die Glaskerze und legen Sie die Rose in die Schale mit Wasser. Setzen Sie sich bequem hin und blicken Sie auf das Engelsbild und die Rose von Jericho. Nehmen Sie den Bergkristall in die Hand und sprechen Sie folgende Bitte:

»Mein Schutzengel, ich flehe dich an:
Nimm dich gütig meiner an.
Führe mich durch die dunkle Zeit.
Schenk mir Frieden und Gelassenheit!«

Meditieren Sie noch einige Zeit über Ihren Engel und konzentrieren Sie sich darauf, wie Sie sich in helles Licht hüllen. Mit jedem Ein- und Ausatmen wird diese Hülle größer und schöner. Verharren Sie in dieser Konzentration, bis die Rose von Jericho sich zu öffnen beginnt. Während die Pflanze aufblüht, wiederholen Sie öfter den magischen Spruch.

Schutz vor bösen Geistern *

Sie benötigen:
- Schutzräucherung oder Drachenblutpulver, Weihrauch und Beifuß, Räucherutensilien
- 1 weiße Kerze
- Wenn möglich, frisches Salbei- und Thymiankraut

Für diesen Schutz nutzen Sie die Kraft des Vollmondes. Entzünden Sie das Räucherwerk sowie die weiße Kerze. Schwenken Sie mit dem Salbei- und Thymiankraut dreimal durch den Rauch und umfächeln Sie auch sich selbst. Sagen Sie dabei laut, wovor das Kraut beschützen soll. Danach lassen Sie die Kerze komplett abbrennen.
Hängen Sie das Krautbüschel über Ihrer Eingangstür auf; so wird alles Negative und Böse wirksam abgewendet. Wiederholen Sie dieses Ritual an sieben aufeinander folgenden Tagen. Besorgen Sie sich dafür jeweils wieder ein Büschel Salbei und Thymian und hängen Sie dieses dann in die Fenster, über das Bett oder an andere Plätze in der Wohnung, die Sie gerne schützen möchten.

Bann- und Schadenzauber

Etwas Grundsätzliches über die dunkle Seite der Magie, den Schadenzauber: Man sollte sich immer darüber im Klaren sein, dass alles, was ausgesendet wird, sich auch mit der Aura des Empfängers verbindet. Alles kann – ohne gutes fundiertes Wissen und Absicherung durch intensive Schutzmaßnahmen – auch wieder auf den Aussender zurückfallen, oftmals in mehrfacher Stärke. Deshalb Vorsicht vor unüberlegten Handlungen!
Fragen Sie sich immer vor Beginn eines schwarzmagischen Rituals, ob die Sache dafür steht! Es liegt, wie oben schon erklärt, immer in der Verantwortung des Aussenders.

Schadenzauber mit schwarzer Schädelkerze **

Sie benötigen:
- Hekateräucherung oder alternativ Drachenblutpulver, Wacholderspitzen, Beifuß und

schwarzen Pfeffer, Räucherutensilien
- 2 weiße Kerzen
- Schwarze-Kunst- und Schutzöl
- 1 schwarze Schädelkerze
- Ziegenhaut oder Pergamentpapier
- Drachenbluttinte, Schreibfeder
- Stecknadel mit schwarzem Knopf

Die schwarze Schädelkerze wird zum Aussenden von mentalen Angriffen verwendet. Beginnen Sie dieses Ritual in der abnehmenden Mondphase an einem Samstag nach 22 Uhr (günstige Zeit für Schadenzauber). Entzünden Sie die Räucherung, eine Hekatemischung – diese öffnet Sie schneller und stärkt Ihre Gedankenkraft.

Bestreichen Sie die weißen Kerzen mit Schutzöl, platzieren Sie diese links und rechts von der Schädelkerze und entzünden Sie sie. Dann streichen Sie die Schädelkerze mit Schwarze-Kunst-Öl ein, während Sie sich intensiv auf Ihren Feind konzentrieren. Träufeln Sie das Schadenöl auch in die Duftlampe. Schreiben Sie Ihre Verwünschung mit Drachenbluttinte auf Ziegenhaut und zeichnen Sie ein Negativpentagramm dazu. (Statt Ziegenhaut können Sie auch Pergamentpapier und ein Foto der verhassten Person verwenden.)

Ritzen Sie mit der Stecknadel mit schwarzem Kopf in die Kerze und das Foto ein Negativpentagramm, also ein Pentagramm mit der Spitze nach unten. In die Kerze ritzen Sie noch Namen und Geburtsdatum der betreffenden Person. Bei Flüchen gegen Unbekannte formulieren Sie »die Person, die mir ...«. Zusätzlich können Sie das Öl vorsichtig auf die Ziegenhaut oder das Pergamentpapier (bzw. Foto) auftragen. Entzünden Sie die Kerze und sprechen Sie dabei dreimal laut Ihren Fluch aus. Bitten Sie dabei Hekate, Lilith, Kali und all die dunklen Göttinnen um ihre Unterstützung bei diesem Ritual. Verbrennen Sie danach die Haut und das Pergamentpapier (bzw. Foto) in der Kerzenflamme. Sprechen Sie währenddessen Ihren Fluch noch einmal laut aus und besiegeln Sie ihn mit den Worten:

»Somit aktiviere ich diesen Zauber.
Im Namen der Göttin der Rache und
der Vergeltung, so sei es!«

Vergraben Sie die Ritualreste bei einem Friedhof und stechen Sie die Nadel in die Erde.

Bannritual – einen Fluch brechen ***

Sie benötigen:
- Kraft-der-Magie- und Schutzräucherung, Räucherutensilien
- Pergamentpapier
- Drachenbluttinte, Schreibfeder
- Teufelskrallenwurzel
- Fluch-brechen-Öl
- Schwarzer und weißer Bindfaden
- 1 langer Nagel
- Salz (vorzugsweise schwarzes Salz)
- 1 schwarze Figurenkerze Mann oder Frau, die die entsprechende Person darstellt

- Schwarzer Pfeffer
- Schachtel mit Erde
- Schwarzes Tuch

Beginnen Sie dieses Ritual an einem Samstag bei abnehmendem Mond vor 22 Uhr. Entzünden Sie die Räucherung. Schreiben Sie den Namen der zu bannenden Person 13-mal mit Drachenbluttinte auf das Pergamentpapier. Falls Sie den Namen dieser Person nicht kennen, dann schreiben Sie folgenden magischen Spruch:

»Wer auch immer mich verflucht,
Pech und Unglück ihn (sie) heimsucht!«

Sollten Sie diesen Fluch nicht zurückschicken wollen, sondern nur abblocken, schreiben Sie den folgenden Satz:

»Pech und Unglück mir gesandt,
wehr ich ab – ist nun gebannt!«

Bestreichen Sie die Wurzel und das Papier mit Fluch-brechen-Öl, wickeln Sie das Papier um die Wurzel und binden Sie den schwarzen Faden neunmal fest darum. Konzentrieren Sie sich darauf, alles Negative mit dem Faden zu binden. Befeuchten Sie den Nagel mit etwas Spucke, rollen Sie ihn dann in Salz. Legen Sie den Nagel vor die Figurenkerze. Danach binden Sie neunmal den weißen Faden fest rundherum und sprechen dabei folgenden Spruch:

»Mich der Zauber nun befreit.
Meinen Feind es jetzt schon reut!«

Strecken Sie dabei Ihren Arm aus und legen Sie den Mittelfinger über den Zeigefinger (ein altes geheimes Zeichen, um etwas zu durchkreuzen). Machen Sie dieses Zeichen in Richtung der schwarzen Figurenkerze und um sich herum einen Kreis im Uhrzeigersinn. Damit blocken Sie den Fluch und sämtliche negativen Energien – oder werfen ihn zurück.
Ölen Sie nun die schwarze Figurenkerze ein. Legen Sie das gebundene Papier vor die Kerze und streuen Sie im Uhrzeigersinn das Salz dreimal um Kerze und Nagel. Jetzt streuen Sie gegen den Uhrzeigersinn den Pfeffer dreimal um Kerze und Nagel. Entzünden Sie die schwarze Kerze und konzentrieren Sie sich dabei fest darauf, wie dieser Fluch von Ihnen fällt. Wiederholen Sie 13-mal den Spruch und zeigen Sie währenddessen mit der ausgestreckten Hand und dem Bannsymbol auf die Personenkerze:

»Pech und Unglück mir gesandt,
wehr ich ab – ist nun gebannt!«

Verbrennen Sie das Papier in der Kerzenflamme und vergraben Sie die Wachsreste in der Schachtel mit Erde. Sprenkeln Sie nun noch einige Tropfen Fluch-brechen-Öl auf die Erde und stoßen Sie den Nagel in die Erde hinein. Achten Sie dabei darauf, mit dem Nagel die Wachsreste zu zerbrechen. Dadurch brechen Sie auch die Kraft und Wirkung des Fluchs.
Schließen Sie die Schachtel und umwickeln Sie diese mit einem schwarzen Tuch. Sprenkeln Sie danach an neun aufeinander folgenden Tagen Fluch-brechen-Öl auf die Erde in der Schachtel und sprechen Sie jedes Mal den oben genannten Fluchbrecherspruch dazu. Zum Schluss werfen Sie die Schachtel ohne Tuch in ein fließendes Gewässer. Der Fluch ist jetzt von Ihnen genommen, Friede wird bei Ihnen einkehren.

Bannzauber **

Sie benötigen:

- Hekateräucherung oder z. B. eine Mischung aus Drachenblut, schwarzem und rotem Pfeffer, Weihrauch, Myrrhe, Wacholderspitzen; Räucherutensilien
- Pergamentpapier, Schreibfeder
- Alte Rasierklinge
- Schwarzer Stoff
- Schwerer Stein
- Schwarzer Bindfaden

Wenn Sie eine Person bannen wollen, wählen Sie dafür die abnehmende Mondphase und einen Samstag nach 22 Uhr. Entzünden Sie das Hekateräucherwerk bzw. die alternative Mischung. Auf einen Zettel schreiben Sie den Namen der entsprechenden Person.
Nehmen Sie nun den Zettel, die Asche des Räucherwerks sowie die Rasierklinge und wickeln Sie alles in ein Stück schwarzen Stoff. Legen Sie einen schweren Stein dazu und spucken Sie dreimal darauf. Dabei formulieren Sie laut folgenden Bannspruch:

»Getrennt ist es – getrennt bleibt es!«

Binden Sie alles fest zu einem Beutel zusammen. Gehen Sie danach zu einem fließenden Gewässer und sprechen Sie dort mit fester Stimme:

»... (Name), bleib fern von mir,
sehn will ich dich nimmermehr,
du gehst jetzt ohne Wiederkehr!«

Werfen Sie jetzt das Bündel in hohem Bogen in das Wasser; drehen Sie sich nicht mehr um, wenn Sie nach Hause gehen.

Trennungsritual **

Sie benötigen:

- 1 schwarze Heiratskerze
- 2 Nägel
- Trennungsöl

Um sich oder jemanden von einem Partner zu trennen, wird ebenfalls die schwarze Heiratskerze verwendet. Stecken Sie in die Unterseite der Heiratskerze jeweils einen Nagel bei der Frau und einen beim Mann. An einem Samstag bei abnehmendem Mond wird diese mit Trennungsöl bestrichen und täglich für 30 Minuten angezündet.
Die Wachsreste werden am Schluss gebrochen und getrennt voneinander in fließendes Gewässer geworfen.

Jemanden zum Umzug bewegen *

Sie benötigen:

- Pergamentpapier
- Drachenbluttinte, Schreibfeder
- 1 rote Schädelkerze
- Mach-was-ich-sage-Öl

Beginnen Sie dieses Ritual nach 22 Uhr. Wenn Sie also einen ungebetenen Gast oder bösartige Nachbarn haben, schreiben Sie dessen/deren Namen auf ein Stück Pergamentpapier und legen Sie es unter die Schädelkerze. Benutzen Sie dazu Drachenbluttinte. Streichen Sie das Pergament und den Schädel mit dem magischen Öl ein. Lassen Sie die Kerze abbrennen und stellen Sie sich im Geist vor, wie der leidige Gast bzw. die bösen Nachbarn ausziehen.
Die Wachsreste von der Kerze brechen und einen kleinen Teil davon in den Briefkasten werfen oder unter der Türmatte des Nachbarn verstecken.

Trennungszauber **

Sie benötigen:

- 2 schwarze Kerzen
- Trennungsöl
- Nadel
- Kraft-der-Magie-Räucherwerk oder Weihrauch, Zedernholz und Mastix; Räucherutensilien

Wenn Sie jemanden aus Ihrem Leben verbannen möchten durch eine schnelle und schmerzlose Trennung, dann bestreichen Sie die beiden schwarzen Kerzen mit Trennungsöl und ritzen mit einer Nadel in die eine Kerze Ihren Namen und in die andere Kerze den Namen der anderen Person.

Entzünden Sie das Räucherwerk und schwenken Sie die beiden Kerzen in dem magischen Rauch. Stellen Sie die beiden Kerzen eng aneinander, damit sich diese berühren. Entzünden Sie nun die Kerzen. Meditieren Sie über Ihre Beziehung und wie Sie ab jetzt Ihr Leben neu gestalten. Rücken Sie die Kerzen in drei aufeinander folgenden Nächten immer ein Stück weiter auseinander. Sprechen Sie dabei stets folgende Formel:

»Heiß war die Liebe,
kalt ist nun das Herz,
Lass ... (Name) und ... (Name)
sich trennen ohne Schmerz.«

Nehmen Sie nach drei Tagen, wenn die Kerzen ganz heruntergebrannt sind, die Wachs- und Ritualreste, brechen Sie diese und werfen Sie sie an verschiedenen Plätzen in einen Fluss. Gehen Sie nach Hause und drehen Sie sich nicht mehr um – schauen Sie nunmehr nach vorne in die Zukunft!

Wendezauber ***

Dieses Ritual können Sie bei sämtlichen Problemen anwenden und so Ihre momentane Situation wenden.

Sie benötigen:

- Schutz- und Reinigungsräucherung, Räucherutensilien
- 2 weiße Kerzen
- Umkehr- und Durchkreuzenöl, Schutzengelöl
- 1 Altarkerze (innen rot, außen schwarz)
- Pergamentpapier, Schreibfeder
- Schwarzer Filzstift
- Nadel
- Schutzstein oder Teufelskrallenwurzel
- Hekateräucherung oder eine Mischung aus rotem Sandelholz, Myrrhe, Drachenblutpulver, Wacholderholz und -spitzen, Weihrauch

Beginnen Sie das Ritual an einem Samstag bei abnehmendem Mond nach 22 Uhr. Räuchern Sie vor dem Ritual gründlich Ihren kompletten Wohnbereich mit einer Reinigungsräucherung aus. Bestreichen Sie die beiden weißen Kerzen mit Schutzengelöl und platzieren Sie diese links und rechts von der Altarkerze. Bestreichen Sie nun die Altarkerze mit Durchkreuzen- und Umkehröl. Entzünden Sie die Schutzräuchermischung.

Auf ein Pergamentpapier schreiben Sie auf die erste Seite Ihre Probleme und Sorgen. Wenden Sie nun das Papier und notieren Sie auf die andere Seite die erwünschte Situation. Streichen Sie mit einem schwarzen dicken Stift die Sorgenseite durch.
Bestreichen Sie dann die Sorgenseite mit Umkehr- und Durchkreuzenöl, die Seite mit der gewünschten Situation aber mit Schutzengelöl.
Pinnen Sie mit einer Nadel den Zettel in die Kerze. Achten Sie darauf, dass die Nadel den Docht trifft. Legen Sie die Teufelskralle vor sich auf den Altar und bestreichen Sie die Wurzel ebenfalls mit den Ölen. Entzünden Sie nun die Umkehrkerze. Räuchern Sie dabei die Hekatemischung.
Konzentrieren Sie sich darauf, dass Ihre Probleme in der Flamme verbrannt werden und sich in Rauch auflösen. Sobald die magische Flamme mit der Nadel in Kontakt tritt, wird dieser Zauber aktiviert. Nehmen Sie das Pergament von der Kerze und verbrennen Sie es in der magischen Flamme. Wiederholen Sie diese magische Formel neunmal:

»Kummer und Sorgen werd ich beenden.
Das Blatt zum Glück wird sich jetzt wenden.
Durch der Flamme magische Kraft
Glück und Segen sei mir gebracht!«

Räuchern Sie nun wieder die Schutzmischung. Dieses Ritual sollten Sie immer dienstags und samstags durchführen, bis die Kerzenflamme die Nadel erreicht.
Zu guter Letzt vergraben Sie die Ritualreste; lassen Sie die Erde den Transformationsprozess durchführen. Ihre Situation wird sich bald zum Positiven wenden.

Negative Energien bannen *

Ein ganz einfaches Kerzenritual, ideal in Stresssituationen, hilft Ihnen dabei, sich von Negativem zu befreien.
Sie benötigen:
- Räucherstäbchen
- Pergamentpapier, Schreibfeder
- 1 schwarze Kerze
- Cassiaöl
- Salz

Dieses Ritual ist an jedem beliebigen Tag oder Abend anzuwenden. Zünden Sie ein Räucherstäbchen an. Schreiben Sie auf das Pergamentpapier all Ihren Ärger, Ihre Sorgen oder Kümmernisse auf. Streichen Sie die schwarze Kerze mit dem magischen Öl ein.

Nehmen Sie die Kerze in beide Hände und lassen Sie Ihre ganze negative Energie, die Sie belastet, durch Ihre Hände in die Kerze einfließen. Wälzen Sie die Kerze in Salz und stellen Sie diese vor sich auf das Pergamentpapier. Nun entzünden Sie die Kerze und sprechen dazu:

»Alle Sorgen dieser Tage
ich der Kerze übertrage.
Brenn den Ärger, brenn die Wut.
Licht, ich bitt dich, tu mir gut!«

Wiederholen Sie diesen Spruch siebenmal und konzentrieren Sie sich darauf, wie aller Ärger von Ihnen weg in das Licht der Kerze fließt. Schon nach kurzer Zeit werden Sie merken, dass Sie sich leichter und befreiter fühlen. Anschließend lassen Sie die Kerze ganz abbrennen und werfen die Wachsreste mitsamt dem Papier in fließendes Gewässer.

Kummer und Sorgen von der Familie nehmen **

Zu manchen Zeiten scheint alles wie »verhext« zu sein. Nichts funktioniert, und es herrscht eine allgemein gereizte Atmosphäre. Damit sich die familiäre Situation möglichst rasch wieder entspannt, probieren Sie doch einmal diesen Zauber.

Sie benötigen:

- 2 weiße Kerzen
- Cassia- und Durchkreuzenöl
- Schutz- und Harmonieräucherung, Räucherutensilien
- Pergamentpapier
- Drachenbluttinte, Schreibfeder
- Je 1 schwarze Stabkerze für jedes Familienmitglied
- Salz
- Für alle Familienmitglieder je 1 Stein

Beginnen Sie diesen Zauber an einem Samstag bei abnehmendem Mond. Bestreichen Sie die beiden weißen Kerzen mit Cassiaöl und entzünden Sie diese. Entfachen Sie die Räucherung und schreiben Sie auf das Pergamentpapier den Kummer und die Probleme Ihrer Familie. Ölen Sie das Papier an den vier Seiten mit Durchkreuzenöl ein und machen Sie anschließend mit Ihrem Zeigefinger einen Strich durch die Probleme.

Bestreichen Sie die schwarzen Kerzen mit Cassiaöl und stellen Sie diese in einem Kreis um das Papier. Streuen Sie nun Salz in Kreisform um jede einzelne schwarze Kerze und sagen Sie dabei laut:

»Das Pech, an uns gehangen,
in diesem Kreis gefangen!«

Zünden Sie jetzt die Kerzen an und wiederholen Sie die folgenden magischen Worte bei jeder Kerze siebenmal:

»Alles Schlechte treib ich aus.
Glück kehrt ein in dieses Haus.
Friede braucht jetzt Mensch und Tier.
Göttin, bitte helfe mir!«

Streichen Sie in Ihre rechte Handinnenfläche das Durchkreuzen- und in die linke Handinnenfläche das Cassiaöl. Nehmen Sie nacheinander für jedes Familienmitglied einen Stein und umschließen Sie diesen mit Ihren Händen.

Lassen Sie jetzt ganz bewusst positive und harmonische Energie in den Stein fließen. Legen Sie den entsprechenden Stein vor die Kerze des jeweiligen Familienmitglieds. Mit dem Abbrennen der Kerzen werden die störenden und negativen Einflüsse nun schwinden.

Die Wachsreste mit dem Salz und die Reste der Räucherung werfen Sie in fließendes Gewässer. Räuchern Sie anschließend mit einer Schutz- und Harmoniemischung, um die positive Energie zu stabilisieren. Halten Sie die Steine nacheinander über den magischen Rauch, um diese noch zusätzlich mit Kraft zu versehen. Bewahren Sie die Steine an einem besonderen Platz auf.

Ritual bei Nachbarschaftsstreit **

Um eine friedliche Lösung bei einem Konflikt mit den Nachbarn zu finden, ist dieses Ritual eine gute Möglichkeit – speziell wenn dieser Konflikt durch ein Missverständnis oder mangelhafte Kommunikation augelöst wurde.
Sie benötigen:

- 2 weiße Stabkerzen
- Umkehr- und Engelöl
- Räuchermischung aus Salbei, Weihrauch, Zedernholz, Wacholderholz, Wacholderspitzen, Räucherutensilien
- Flache Schale mit Wasser
- Rose von Jericho
- 1 schwarze Siebenknopfkerze
- Rosenquarz

Beginnen Sie dieses Ritual sieben Tage vor Neumond. Der siebte Tag sollte die Neumondnacht sein. Ölen Sie die beiden weißen Kerzen mit Engelöl ein und entzünden Sie diese. Legen Sie das Räucherwerk auf die glühende Kohle. Träufeln Sie einen Tropfen des Engelöls in die Schale mit Wasser. Legen Sie die Rose von Jericho in diese Wasserschale. Bestreichen Sie jeden Knopf der schwarzen Siebenknopfkerze mit Umkehröl.
Konzentrieren Sie sich darauf, wie das Verhältnis zu den Nachbarn besser wird. Entzünden Sie den ersten Knopf und wiederholen Sie dabei dreimal folgenden Spruch:

»Mensch bei Mensch, Stein bei Stein,
in beider Heim kehr Frieden ein!«

Halten Sie jetzt den Rosenquarz über den magischen Rauch und wiederholen Sie den Zauberspruch. Lassen Sie jeden Tag einen Knopf der schwarzen Kerze abbrennen.

Halten Sie dazu den Stein einige Minuten in Ihrer Hand und lassen Sie positive Energie in ihn fließen. Sagen Sie die folgende Zauberformel:

»In den Stein ich Frieden schicke,
treffen wir uns in der Mitte.
Mit den Nachbarn wieder Freund,
durch ein Lächeln schnell vereint!«

Wiederholen Sie dieses Ritual an den folgenden Tagen. In der Neumondnacht lassen Sie den letzten Knopf der schwarzen Kerze ganz abbrennen und formulieren wieder die oben aufgeführten Sprüche für die Kerze und den Stein.

In dieser Nacht vergraben Sie auch den Rosenquarz in der Nähe Ihrer Nachbarn und sprenkeln noch einige Tropfen des Engelöls auf die Erde. Die Energie Ihres Rituals und die Kraft der Rose von Jericho werden Ihnen zu einer positiven Wende verhelfen.

Ritual zum Ablegen einer schlechten Angewohnheit *

Sie benötigen:

- Großer Stein
- Normales oder Pergamentpapier

- Taubenbluttinte, Schreibfeder
- Loslassen- und Willenskraftöl
- Schwarzer Bindfaden
- 1 schwarze Kerze

Diesen Zauber sollten Sie während der abnehmenden Mondphase bei Jungfrau- oder Steinbock-Mond praktizieren. Suchen Sie sich einen großen Stein und schreiben Sie auf ein Blatt normales oder Pergamentpapier Ihre negativen Eigenschaften, die Sie möglichst schnell loswerden möchten. Bestreichen Sie das Papier mit Loslassen- und Willenskraftöl und umhüllen Sie damit den Stein. Jetzt umschlingen Sie ihn dreimal mit dem schwarzen Faden und verknoten ihn dreimal. Dabei sprechen Sie bei jedem Knoten folgende magische Worte:

»Das Alte muss jetzt gehn.
Neue Kraft bleibt bestehn.
Ein neuer Mensch wird aus mir,
ab sofort, jetzt und hier!«

Träufeln Sie einige Tropfen vom Wachs einer schwarzen Kerze auf die Knoten und werfen Sie den Stein dann in hohem Bogen in ein fließendes Gewässer.

Zauber gegen Mobbing und üble Nachrede **

Jemand verbreitet in Ihrer Firma konsequent Lügen über Sie? Bleiben Sie ruhig! Um sich wirksam gegen eine solche Mobbingattacke zu schützen, schlage ich Ihnen dieses Ritual vor.
Sie benötigen:

- Pergamentpapier
- Drachenbluttinte, Schreibfeder
- Beifuß, Wacholderspitzen
- Salz

Schreiben Sie den Namen der Person oder, wenn Sie den nicht kennen, »wer auch immer es ist« mit Drachenbluttinte neunmal rückwärts auf ein Stück Pergamentpapier. Halten Sie das Papier unter einen Wasserhahn, sodass der Name aus roter Tinte verwischt und in den Abfluss fließt. Lassen Sie das Papier so lange unter fließendem Wasser, bis nichts mehr zu lesen ist. Das Papier bestreuen Sie mit Beifußkraut, Wacholderspitzen und Salz, dann zerreißen Sie es in kleine Fetzen und spucken auf den Rest.
Suchen Sie noch am selben Tag ein fließendes Gewässer auf; notfalls darf es auch die Klospülung sein. Dort werfen Sie die Papierfetzen und Reste hinein. Die bösen Gerüchte über Sie werden rasch aufhören.

Andere hilfreiche Tipps bei Mobbingproblemen

- Tragen Sie täglich Willenskraft-/Beuge-dich-Öl auf Stirn und Kehlkopf auf und führen Sie eine Teufelskrallenwurzel mit sich. Bestreichen Sie diese ebenfalls mit dem magischen Öl. Dieses wehrt Intrigen und Falschheit ab.
- Bestreichen Sie eine Alraunewurzel mit Beuge-dich-Öl und/oder Mach-was-ich-sage-Öl, besprechen Sie die Wurzel mit Ihrer Bitte und tragen Sie diese ständig bei sich, bis die Schwierigkeiten aufhören.
- Bestreichen Sie eine alte, stumpfe Rasierklinge mit Durchkreuzenöl und kauen Sie ein Pfefferkorn. Spucken Sie den Brei auf die Klinge. Legen Sie die Klinge in ein Kuvert und lassen Sie dieses der intriganten Person unerkannt zukommen. Oder machen Sie ein kleines Briefchen daraus, das Sie im Raum des Unruhestifters verstecken. Die Intrigen werden rasch aufhören.

Geld- und Erfolgsrituale

Was ist es, das manche Menschen erfolgreich macht, andere hingegen scheitern lässt? Wo liegt der Unterschied? Maßgeblich am Erfolg beteiligt sind die zuversichtliche Einstellung und der Wille zum Sieg.
Dies setzt natürlich ein Handeln voraus, auf das etwas Positives folgen kann. Damit Sie Ihrem Erfolg etwas nachhelfen können, hier ein paar Vorschläge.

Erfolgsritual mit einer Hexenflasche ***

Sie benötigen:
- Goldenes und grünes Altartuch
- Glitzersteine
- 2 weiße Kerzen
- Schutz-, Erfolgs- und Hexingöl
- Räucherwerk für Erfolg oder »Kraft der Magie«, Räucherutensilien
- 1 goldene Kerze
- Großer Teller oder Platte
- Lorbeerblätter, Zimtstangen, Rosenblüten, Eisenkraut
- Leere Flasche mit weitem Hals und Korken
- Erde und Salz
- Mindestens 7 Symbole für Erfolg, z. B. Münzen, Bild, kleines Glückshufeisen oder Zettel mit Ihrem Wunsch
- Grünes Tuch
- Kleines weißes Tuch
- Taubenbluttinte, Schreibfeder

Beginnen Sie diesen Zauber einige Tage vor Vollmond. Halten Sie den Altar in Gold und Grün und dekorieren Sie ihn mit glitzernden Steinen. Bestreichen Sie die weißen Kerzen mit einem Schutzöl, entzünden Sie diese und entfachen Sie die Räucherung. Ritzen Sie Ihren Namen und das Wunschziel in die goldene Kerze. Hauchen Sie dreimal darauf und halten Sie diese noch einige Zeit in Ihren Händen. Anschließend halten Sie die Kerze über den magischen Rauch und laden sie noch zusätzlich mit Energie auf.

Jetzt bestreichen Sie die Kerze mit dem Erfolgs- und Hexingöl und stellen diese vor sich auf den Teller. Streuen Sie Rosenblüten, Eisenkraut, Lorbeerblätter und Zimt darum und entzünden Sie die Kerze. Dann füllen Sie etwas von der Erde in die Flasche, damit ein guter Boden geschaffen wird. Streuen Sie ein wenig Salz darauf.
Nehmen Sie Ihr erstes Symbol in die Hand und halten Sie es über die Räucherung. Sprechen Sie dabei laut aus, was dieses Symbol für Sie bedeutet. Jetzt legen Sie es in die Flasche, streuen Rosenblüten, Zimt und Lorbeer darüber und sprenkeln einige Tropfen der magischen Öle darauf. Tropfen Sie etwas von dem Wachs der goldenen Kerze dazu und geben Sie eine dünne Schicht Erde darauf. Anschließend löschen Sie alle Kerzen mit den Fingern. Bedecken Sie Ihre Ritualgegenstände mit einem grünen Tuch. Wiederholen Sie dieses Ritual täglich, bis die Flasche gefüllt ist mit Ihren Symbolen und

Wünschen und abschließend mit einer Schicht Erde. Streuen Sie noch etwas Salz obenauf, um den Zauber vor Fremdeinflüssen zu schützen. Zum Vollmond sollte dieses Ritual beendet werden. Verschließen Sie dazu die Flasche mit dem Korken und tropfen Sie heißes Wachs der goldenen Kerze darauf. Legen Sie über den Korken ein kleines weißes Tuch und binden Sie es am Flaschenhals zusammen. Malen Sie mit Taubenbluttinte ein schützendes Pentagramm darauf. An diesem Vollmondabend beenden Sie das Ritual und verstecken die Hexenflasche an einem sicheren Ort.

Erfolgszauber **

Sie benötigen:

- 2 weiße Kerzen
- 1 grüne Figurenkerze Mann/Frau, die Sie selbst darstellt
- Eventuell entspannende Musik
- Erfolgsräucherung, Räucherutensilien
- Stecknadel mit grünem Kopf
- Erfolgs-, Willenskraft- und Schutzengelöl
- Pergamentpapier
- Taubenbluttinte, Schreibfeder
- Kleiner Beutel
- Persönlicher Glücksstein

Starten Sie diesen Zauber während der zunehmenden Mondphase. Dazu stellen Sie die beiden weißen Kerzen links und rechts vor sich auf den Altar. In die Mitte platzieren Sie die grüne Figurenkerze. Entspannen Sie sich und entzünden Sie die Räucherkohle.
Ritzen Sie Ihren Namen und Ihr Wunschziel mit dem Fingernagel oder mit einer Nadel mit grünem Kopf in die grüne Figurenkerze, z. B. Erfolg, Liebe oder Reichtum. Man muss nicht bescheiden sein und kann auch alle drei Worte einritzen – oder auch andere Ziele, die man anstrebt. Bestreichen Sie jetzt die beiden weißen Kerzen mit dem Schutzengelöl und entzünden Sie diese mit einem Streichholz. Nehmen Sie die grüne Kerze in Ihre Hände und lassen Sie Ihre geballte Wunschkraft in diese einfließen. Dann bestreichen Sie die Kerze mit dem Erfolgs- und Willenskraftöl. Danach entzünden Sie die Figurenkerze an einer der beiden weißen. Wenn die Kohle gut durchgeglüht ist, legen Sie die Räucherung auf und fächeln den Rauch zuerst zu Ihrer Stirn, dann zu Ihrem Herzen und zuletzt zu Ihrem Bauch. Stellen Sie sich konkret und möglichst bildlich vor, was Sie erreichen wollen.

Schreiben Sie jetzt Ihre Wünsche und exakten Vorstellungen mit Taubenbluttinte auf das Pergamentpapier. Dabei sollten Sie Ihren Wunsch genauestens und auch hier wieder ohne jede Bescheidenheit formulieren. Legen Sie noch etwas Erfolgsräucherung auf die Kohle und schwenken Sie das Papier durch den magischen Rauch. Visualisieren Sie dabei, wie Ihr Wunsch in Erfüllung geht. Nach einigen Minuten der intensiven Konzentration entzünden Sie das Pergamentpapier an der grünen Kerze. Meditieren Sie vor der Kerze noch einige Zeit über Ihre Ziele.

Wiederholen Sie das Ritual in den beiden folgenden Nächten und lassen Sie zuletzt die Kerzen ganz abbrennen. Ein kleines Stück des Wachses bestreichen Sie mit den Ölen und tragen es in einem Beutel zusammen mit Ihrem Glücksstein bei sich. Bestreichen Sie Ihre Handinnenflächen mit Erfolgs- und Willenskraftöl, bevor Sie zu wichtigen Terminen gehen – das wird Ihnen den Erfolg schneller bringen!

Geldritual ***

Sie benötigen:
- 2 gelbe Kerzen
- Big-Money- und Magieöl
- Erfolgsräucherung oder Melisse, Lorbeerblätter, Styrax, Zimt; Räucherutensilien
- Möglichst großer Geldschein
- 3 Eicheln oder Kastanien
- Little-John-Wurzel
- 1 grüne Katzenkerze
- Grünes Papier

Beginnen Sie dieses Ritual an einem Donnerstag oder Freitag bei zunehmendem Mond. Bestreichen Sie die gelben Kerzen mit Magieöl und zünden Sie sie an. Entzünden Sie das Räucherwerk und beräuchern Sie den Geldschein, die Eicheln oder Kastanien und die Little-John-Wurzel. Sprechen Sie dabei folgende Worte:

»Im Namen der Göttin weihe ich diesen Geldschein, segne meine magischen Helfer durch deine Kraft!«

Ölen Sie die Vorderseite der Katzenkerze mit Big-Money- und die Rückseite mit Magieöl ein. Halten Sie die Katzenkerze über die Räucherung und segnen Sie diese ebenfalls mit »Im Namen der Göttin!« Stellen Sie die Katzenkerze zwischen die gelben Kerzen auf Ihren Altar. Legen Sie den Geldschein sowie die drei Eicheln oder Kastanien, Lorbeerblätter und die Little-John-Wurzel vor die Kerze. Nun entzünden Sie die Kerze. Formulieren Sie dabei folgenden magischen Spruch:

»Dieser Geldschein soll sich mehren,
Göttin Fortuna will ich ehren.
Wurzelzauber ganz geheim,
Zauberkraft lässt Geld herein!«

Legen Sie nun die Lorbeerblätter auf die Kohle. Bestreichen Sie die Little-John-Wurzel mit Magie- und Big-Money-Öl und reiben Sie etwas von der Wurzel auf die Räucherung. Die Eicheln oder Kastanien nehmen Sie einzeln in die Hand; wiederholen Sie dabei jeweils den oben genannten Spruch. Spucken Sie dreimal auf die Eicheln/Kastanien und bestreichen Sie sie ebenfalls mit den magischen Ölen. Legen Sie sie nun rund um die Katzenkerze. Lassen Sie die Kerze in vier Tagen abbrennen.
Tragen Sie die Little-John-Wurzel danach ständig bei sich. Falls Sie einen wichtigen Termin haben, besprechen Sie die Wurzel vorher mit Ihren Wünschen, und Sie werden mit Zauberenergie unterstützt. Füllen Sie die Ritualreste in ein grünes Papier und heben Sie diese vier Tage lang auf. Danach vergraben Sie alles.

Zünden Sie weiterhin an einem Donnerstag oder Freitag eine grüne Kerze an, bestreichen Sie diese mit dem Geldöl und räuchern Sie dazu die Erfolgsmischung. Der Erfolg dieses Rituals wird nicht lange auf sich warten lassen!

Ritual, um einen Job zu bekommen **

Lassen Sie den Kopf nicht hängen, falls Ihr Traumjob noch nicht in Sicht ist. Bleiben Sie zuversichtlich und helfen Sie mit diesem Berufszauber nach. Bevor Sie das Ritual beginnen, sollten Sie jedoch eine möglichst genaue Vorstellung davon haben, wie Sie sich Ihren Traumjob vorstellen und ob die Verwirklichung überhaupt im Bereich des Möglichen liegt. Sind Sie sich über alles im Klaren, dann legen Sie los.

Sie benötigen:

- Erfolgsräucherung oder Mischung aus Dammar, Styrax, Rosenblättern, Eisenkraut, Zedernholz; Räucherutensilien
- 1 grüne Figurenkerze Mann oder Frau
- 2 gelbe Kerzen
- 2 weiße Kerzen
- Job-, Courage-, Erfolgs- und Glücksöl
- Natternwurzel (verhilft zu klugen Entscheidungen)

Beginnen Sie dieses Ritual an einem Mittwoch in der zunehmenden Mondphase. Entzünden Sie das Räucherwerk und schwenken Sie die Kerzen über dem magischen Rauch. Ölen Sie die beiden weißen Kerzen mit Erfolgs-, die gelben mit Glücksöl ein und platzieren Sie diese jeweils links und rechts von der grünen Figurenkerze. Entzünden Sie die weißen und gelben Kerzen.

Während Sie die Vorderseite der grünen Figurenkerze mit Joböl und die Rückseite mit Courageöl bestreichen, beginnen Sie, sich intensiv vorzustellen, wie Sie interessante Angebote erhalten, sich bewerben und dabei ein erstklassiges, entschlossenes und gewinnendes Auftreten zeigen. Letztendlich visualisieren Sie, dass Sie eine Zusage erhalten. Lassen Sie diese positive Energie in die Figurenkerze fließen. Entzünden Sie die Kerze.

Konzentrieren Sie sich und sprechen Sie Ihren Wunsch laut und deutlich neunmal aus. Beschließen Sie dabei jeden Satz mit dem folgenden Spruch:

»Mein Job, der wartet schon auf mich.
Gute Chancen bieten sich.
Klug und entschlossen werd ich handeln,
zum Erfolg wird alles sich wandeln!«

Reiben Sie jetzt die Natternwurzel mit Job-, Courage- und Erfolgsöl ein und besprechen Sie diese. Bestreichen Sie ebenfalls Ihre Handinnenflächen mit Job- und Erfolgsöl.

Tragen Sie die Wurzel ab sofort immer bei sich – speziell dann, wenn Sie ein Vorstellungsgespräch haben. Wiederholen Sie dieses Ritual, bis alle Kerzen komplett abgebrannt sind. Es wird Ihnen Glück bringen!

Kerzenzauber für Erfolg bei Prüfungen *

Dieser Zauber kann angewendet werden, um eine Prüfung leichter zu bestehen oder um in der Schule bessere Noten zu schreiben (lernen sollte man vorher allerdings trotzdem!).

Sie benötigen:

- 1 weiße Kerze
- 1 gelbe Kerze
- Nadel
- Vachawurzel

- Räucherwerk, z. B. »Erfolg«, oder Copal, Mastix, Zeder, Eisenkraut; Räucherutensilien

Beginnen Sie den Zauber an einem Mittwoch. Verwenden Sie dazu eine weiße und eine gelbe Kerze. In die weiße Kerze ritzen Sie mit einer Nadel »Für meinen Schutzengel«. Dann ritzen Sie ein Pentagramm hinein. In die gelbe Kerze ritzen Sie, was Sie sich wünschen. Z. B.: Ich bestehe die Prüfung.
Stellen Sie die Kerzen vor sich auf Ihren Ritualplatz und entzünden Sie ein wenig Räucherwerk. Halten Sie die Vachawurzel in Ihrer Hand. Diese Wurzel bringt klare Gedanken und verbessert den sprachlichen Ausdruck. Visualisieren Sie Ihr Ziel. Konzentrieren Sie sich darauf, wie gut Sie die Prüfung bestanden haben. Lassen Sie die beiden Kerzen völlig abbrennen. Die Wurzel tragen Sie während der Prüfung bei sich.

Geld-zurück-Ritual **

Sie benötigen:
- Geldräucherung oder Zimt, Melisse, Dammar; Räucherutensilien
- 1 grüne Schädelkerze
- Mach-was-ich-sage-, Geld-anziehen- und Erfolgsöl
- Schwarze Unterlage

Praktizieren Sie dieses Ritual an einem Donnerstag bei zunehmendem Mond. Optimal wäre zusätzlich speziell für dieses Ritual der rückläufige Merkur (siehe dazu »Maggie's Hexenkalender«, ebenfalls erschienen im Heyne Verlag).
Räuchern Sie eine Geldmischung oder Zimt, Melisse und Dammar. Ritzen Sie den ausstehenden Geldbetrag in die Unterseite der grünen Schädelkerze und reiben Sie sie mit Geldanziehen-, Mach-was-ich-sage- und Erfolgsöl ein. Stellen Sie die Kerze auf eine schwarze Unterlage und visualisieren Sie, während die Kerze abbrennt, wie Sie den ausstehenden Geldbetrag in Empfang nehmen.

Glücksritual *

Manchmal kommt das Glück von allein, manchmal will es gelockt werden. Um Ihrem Glück magisch auf die Sprünge zu helfen, hier mein Vorschlag.
Sie benötigen:
- Pergamentpapier
- Taubenbluttinte, Schreibfeder
- 1 Lorbeerblatt
- Glückstropfenöl
- Schwarzer Bindfaden

Beginnen Sie dieses Ritual an einem Donnerstag bei zunehmendem Mond. Schreiben Sie auf das Pergamentpapier mit Taubenbluttinte folgenden Spruch:

»Mangel wandle sich zu Fülle,
Fortunas Horn sich jetzt ergieße.
Großes Glück mich jetzt umhülle.
Heil und Segen zu mir fließe!«

Bestreichen Sie das Lorbeerblatt mit Glückstropfenöl und legen Sie es in das Pergamentpapier. Schlagen Sie die Ecken des Papiers zur Mitte ein, damit niemand Ihren Spruch lesen kann. Umwickeln Sie es mit einem schwarzen Faden, verknoten Sie ihn dreimal, während Sie jedes Mal den magischen Spruch wiederholen. Damit festigen Sie den Zauber. Tragen Sie diesen Talisman fortan stets bei sich. Bald werden sich Ihre Freunde über Ihr Glück wundern!

Weitere kleine Glückstipps

- Bestreichen Sie Ihre Fingerspitzen immer, wenn Sie außer Haus gehen, mit Glückstropfenöl, damit Sie auch weiterhin Glück, Erfolg und günstige Gelegenheiten anziehen. Beenden Sie jedes Mal Ihren Wunsch mit den magischen Worten:

»Im Namen Fortunas, der Göttin der Fülle,
so sei es!«

- Tragen Sie eine Little-John-Wurzel, die mit Wachs von einer grünen Kerze beträufelt wurde, in einem kleinen grünen Beutel immer bei sich. Die grüne Kerze sollte vorzugsweise an einem Donnerstag bei zunehmendem Mond abgebrannt werden.
- Tragen Sie eine Wunschbohne in Ihrem Geldbeutel bei sich und bestreichen Sie diese mit Geldöl. Dann wird Ihr Portemonnaie ständig gefüllt sein!

Geldzauber mit Runenkraft **

Mit Runen zu arbeiten heißt, der Stimme der alten Götter zu folgen. Nutzen Sie diese gewaltige Macht der Symbole unserer Ahnen!

Sie benötigen:

- Geldräucherung, Räucherutensilien
- Nadel
- 2 grüne Kerzen
- Rune Fehu (für Fülle, Besitz, reiche Ernte) aus Holz, Ton oder Stein
- Pergamentpapier
- Taubenbluttinte, Schreibfeder
- Geldöl
- Pyritstein
- Etwas Erde
- Geldkräuter (Zeder, Lorbeerblätter, Zimt, Patschuli)
- Grüner Beutel

Entzünden Sie die Kohle und stellen Sie die Räuchermischung bereit. Ritzen Sie währenddessen mit einer Nadel in die eine grüne Kerze die Rune Fehu ein, in die andere Ihren Namen. Schreiben Sie auf das Pergamentpapier den gewünschten Geldbetrag und Zeitraum. Ziehen Sie mit Taubenbluttinte einen Kreis um den Betrag.

Entfachen Sie die Räucherung. Danach werden beide Kerzen mit dem Geldöl eingerieben, eng zusammengestellt, damit sie miteinander verschmelzen, und entzündet. Der Stein sowie die Rune und das Pergament werden ebenfalls mit dem Öl bestrichen.

Während Sie den Stein, die Fehu-Rune, etwas Erde, das Pergament und die Geldkräuter in den Beutel geben, müssen Sie sich fest auf Ihren Wunsch konzentrieren. Sagen Sie folgenden Spruch:

»Zaubermacht durch Runenkraft
mir jetzt sehr viel Geld verschafft.
Erde, Stein, Rauch und Licht
schnell Erfüllung mir verspricht. So sei es!«

Die Kerzen werden zur Verstärkung in den darauf folgenden Tagen ganz abgebrannt. Den

Geldbeutel sollten Sie jetzt immer bei sich tragen, um die Wunscherfüllungsenergie zu verstärken. Glauben Sie an Ihre ureigenen magischen Kräfte!

Treppensteigen – ein Ziel erreichen *

Dieser Zauber wird Ihnen dabei helfen, Ihr Selbstbewusstsein zu stärken, und Ihnen Mut und Selbstvertrauen geben. Lassen Sie sich überraschen – vieles wird Ihnen damit leichter gelingen!
Für den Zauber werden Sie fortan Aufzüge und Rolltreppen meiden – und Treppen steigen! Ganz egal, ob das die Treppe in Ihrem Haus ist, die in der Schule, in der Universität oder in Ihrer Firma.
Beim Treppensteigen stellen Sie sich ab jetzt vor, dass ein Wunschziel, das Sie erreichen wollen, oben auf der Treppe ist. Während des Treppensteigens sagen Sie folgenden Spruch in Gedanken auf:

»Nach oben will ich, zu meinem Glück,
Stufe für Stufe, Stück für Stück.
Angst und Schwäche lass ich unten zurück.
Ich will Anerkennung, Erfolg und Ruhm
und ich werd das erreichen durch mein Tun!«

Sie werden merken, dass sich durch Ihre Selbstdisziplin Ihr Selbstvertrauen aufbaut, Ihr Auftreten souveräner wird und Sie dadurch mehr Erfolg haben können.

Kleine Hexereien zum Ankurbeln des Geschäfts

- Bevor Sie Ihr Geschäft öffnen, streichen Sie täglich Big-Money- oder Erfolgsöl auf die Türrahmen Ihres Eingangsbereichs.
- Bestreichen Sie eine Kastanie und einen Geldschein mit Geld-anziehen-Öl und legen Sie beides in Ihre Kasse hinein.
- Räuchern Sie zusätzlich öfter eine Erfolgsmischung an einem Mittwoch oder Donnerstag in Ihrem Geschäft und beduften Sie Ihre Ladenräume mit Cassiaöl. Ihre Kunden werden sich bei Ihnen wohl fühlen – und Sie merken das an Ihrem gestiegenen Umsatz!
- Bestreichen Sie eine grüne Kerze mit Big-Money-Öl. Zünden Sie diese an einem Mittwoch und Donnerstag an. Bitten Sie Merkur, den Gott der Händler, dabei um seine Unterstützung.
- Hängen Sie ein Büschel Lorbeer-, Eisen- und Melissenkraut in Ihre Eingangstür – das zieht Geldenergie an.
- Um die Geschäfte anzukurbeln, legen Sie in Ihre Kasse ein Stück Little-John-Wurzel und bestreichen Sie diese regelmäßig mit einem Geldöl.
- Sprechen Sie niemals schlecht über Geld, denn es könnte Sie hören, rät ein arabisches Sprichwort!

Kreieren Sie Ihr eigenes Ritual

Es gibt mittlerweile unzählige überlieferte Hexenrituale aus sämtlichen Kulturkreisen der Erde. Tausende von Büchern sind prall gefüllt mit Ritualen für Liebe, Gesundheit, Geld, Glück etc.
Manchmal sind die Beschwörungen in fremden Sprachen abgefasst oder sind überlang mit meist schwülstigen Texten (wie beispielsweise: »Oh, sternenumkränzte ...«); bisweilen werden auch Zutaten benötigt, die in unserem Kultur-

kreis nicht oder nur sehr schwer – dann allerdings unglaublich teuer – erhältlich sind. Auch unheimlich komplizierte Abläufe von Ritualen und Zeitpunkte werden verlangt usw.
Es versteht sich von selbst: All das kann den Einsteiger in die Welt der Magie sehr beunruhigen und verwirren.

Den eigenen Zauber verstehen

Zu Beginn meiner magischen Arbeit war ich, wie viele andere Anfänger auch, verunsichert, ob ich auch ja keine Fehler machen würde. Denn vielleicht wirkt dann die magische Energie nicht oder kehrt sich schlimmstenfalls sogar gegen mich. Punkt für Punkt und Wort für Wort vollzog ich streng nach Vorgabe die magische Handlung.

Eines Abends rezitierte ich aus einem Buch eine Anrufung in einer Sprache, die mir völlig fremd war; ich tippte vage auf Altitalienisch. Nach einigen gestammelten Sätzen stoppte ich den unverständlichen Spruch. Ich wusste überhaupt nicht, was ich da sprach und welche Wirkung diese Worte eventuell haben könnten. Wie konnte ich einer Gottheit etwas versprechen, dessen Worte und Bedeutung ich nicht verstand?

Individuelle Bitten und Sprüche

Ab diesem Zeitpunkt formulierte ich meine Bitten und Sprüche ausschließlich in meiner Muttersprache. Nur so bin ich mir der Aussage und Macht meiner Worte tatsächlich voll und ganz bewusst.
Fazit: Finden auch Sie Ihre eigenen Worte, um der Göttlichkeit Ihre Bitten, Ihren Wunsch vorzutragen. Nehmen Sie sich dazu unbedingt ausreichend Zeit, um Ihr erwünschtes Ziel zu konkretisieren.

Holen Sie sich Hexenrat

Am besten wäre es, Sie wenden sich als Anfänger oder bei Unsicherheiten an eine Hexe Ihres Vertrauens, die Ihnen bei der Zusammenstellung Ihres Rituals und eventuellen Fragen beratend zur Seite steht. Denn: Es gibt natürlich gerade zu Beginn immer ein beruhigendes Gefühl der Sicherheit, mit einer Expertin zusammenzuarbeiten.

Auf dem Weg zum Glück mit Herz und Verstand

Nur eine klare, zielgerichtete und kraftvolle Gedankenzentrierung wird Ihnen letztlich den erhofften Erfolg bringen. Denn wahre Magie sitzt im Kopf und im Herzen; dort befinden sich die Schaltstellen, die Ihr Leben lenken und darüber entscheiden, ob es Ihnen gut geht und Sie erfolgreich sind – oder ob es Ihnen schlecht geht und Sie auf der Stelle treten.
Der unbedingte und zuversichtliche Glaube an die eigene Zukunft und ein offenes Herz werden also dafür sorgen, dass Ihnen nahezu alles gelingt!

Rituale – Fragen und Antworten

Auf den folgenden Seiten habe ich eine Auswahl der wichtigsten Fragen beantwortet, die mir in meinem magischen Atelier immer wieder gestellt werden und deren Inhalt zu einem Entscheidungsfaktor werden kann, ob ein Zauber gelingt – oder daneben geht!

Kann jeder Magie ausüben?

Ja, jeder trägt in einem gewissen Maß magische Fähigkeiten in sich und kann diese auch ausüben. Dabei haben manche Menschen mehr und schnelleren Zugang, andere wiederum müssen sich langsam und mit viel Disziplin die Fertigkeit aneignen – vergleichbar mit anderen Dingen, wie beispielsweise künstlerischen Tätigkeiten. Es gibt Menschen, die ein ausgeprägtes musisches Talent besitzen und mit scheinbarer Leichtigkeit ein Kunstwerk schaffen; andere wiederum beherrschen zwar die Technik, bleiben aber uninspiriert.
Aber selbst mit großem magischem Talent muss man lernen, bewusst und gezielt seine Kraft in die gewünschten Bahnen zu lenken, um durch sie zu wirken. Diese magische Energie fließt durch alles und jeden, sie lässt sich zu nichts zwingen. Um sie auszuüben, braucht man Klarheit, ein Ziel, starken Willen – vor allem aber Hingabe und nicht zuletzt Ausdauer!

Welche Rolle spielt mein eigenes Sternzeichen bei magischen Handlungen?

Jedes Sternzeichen besitzt seine natürliche und spezielle magische Begabung, die einem entsprechenden Ritual auf natürliche Weise zugute kommen kann. Grundsätzlich haben Wasserzeichen einen besonderen Zugang zu feinstofflichen Welten. So eigenen sie sich ausgesprochen gut für Rituale, die mit Hellsicht und Imagination etc. zu tun haben. Erdzeichen verfügen über einen guten magischen Zugang zu materiellen Themen, wie z. B. Geld- oder auch Gesundheitszauber. Den intellektuellen Luftzeichen liegen besonders gut Gedankenmagie oder Kreativitätsrituale etc. Hitzigen Feuerzeichen fällt es von Natur aus leicht, Willens- und Kraftrituale oder Erotikzauber durchzuführen.

Gibt es eine Garantie für den Erfolg eines Rituals?

Nein, nicht unbedingt. Wie bereits häufiger erwähnt, man kann im Universum nichts erzwingen. Deshalb ist es kontraproduktiv, wenn man zu fordernd handelt. Darüber hinaus ist es ein weit verbreiteter Irrtum zu glauben, dass sich bereits nach dem ersten Ritual die komplette Situation zu den eigenen Gunsten und Vorstellungen wendet. Unermüdliche Geduld, Willenskraft und der feste Glaube an die Verwirklichung des Wunschziels sind die Basis eines erfolgreichen Rituals. Ein Zeitaufwand bis zu einem Jahr und mehr sind bei bestimmten Ritualen nichts Ungewöhnliches – aber dennoch kann es auch schon beim ersten Mal klappen.

Ist Magie gefährlich?

Ja, Magie kann gefährlich sein, wenn man leichtfertig und unwissend »herumexperimentiert«. Ergründen Sie zunächst einmal Ihr Innerstes. Darin liegen mehr Kräfte, aber auch Ängste verborgen, als Sie sich vielleicht vorstellen. Wenn Sie nun ein Ritual oder andere Beschwörungen durchführen, können diese unbewussten Regungen darauf Einfluss nehmen. Man sollte sich stets voll bewusst sein, was man tut, und bedenken, dass hier machtvolle Energien wirken! Ein hohes Maß an Respekt und eine gesunde Psyche sind Voraussetzung, um wirklich magisch wirksam zu arbeiten. Erst das bewusste Umgehen mit Magie bringt den erwünschten Erfolg. Viele, die noch am Anfang stehen und erste magische Ergebnisse verbuchen konnten, erhalten eine Art Energieschub. Nun glauben sie, man könne jetzt alles und jeden beeinflussen. Doch Vorsicht! Auch in der Magie gilt, wie überall: Hochmut kommt vor dem Fall!

Wie lange dauert es, bis die Wirkung eines Rituals eintritt?

Seriös betriebene Magie nennt keine exakte Zeitangabe bis zur Verwirklichung eines Wunsches. (Bei manchen gekauften Ritualen wird unlauter sogar mit einer Wunscherfüllung in 7 bis 21 Tagen geworben!) Im Kosmos existiert der Begriff »Zeit«, wie wir ihn kennen, nicht. Wenn man allerdings den Ablauf der Dinge beschleunigen will, ist es zwingend notwendig, eine möglichst bildhaft konkrete Vorstellung und auch einen realistischen Zeitrahmen zur Erfüllung in sein Ritual einzubinden. Dadurch erhöhen Sie Ihre Chancen, in der erwünschten Zeit Ihr Ziel zu erreichen. Die Konzentration und das Voraussetzen, dass sich Ihr Wunsch erfüllen wird, sind die Basis. Das konsequente Wiederholen der Bitte in einem Ritual und der damit ausgesandten Energie, die dadurch genährt wird, verdichtet Ihre Wunschkraft. Sie müssen vom Gelingen überzeugt sein, selbst wenn es einmal längere Zeit braucht. Nicht sofort die Flinte ins Korn werfen, wenn es nicht gleich klappt. Vielleicht steht man gerade dann kurz vor der Verwirklichung – halten Sie also durch und glauben Sie an sich!

Wie lange wirken Rituale? Können sie rückgängig gemacht werden?

Es kommt immer auf die Art des Rituals an. Kerzenmagie wirkt ca. ein Jahr, Puppenmagie wesentlich länger. Es ist deshalb empfehlenswert, immer erst den Kerzenzauber zu praktizieren, um gegebenenfalls die Richtung nach einem Jahr wieder zu ändern. Auflösungszauber ist zwar meist eine langwierige Angelegenheit, aber es ist bei den meisten Ritualen durchaus möglich.

Nahezu unmöglich ist es allerdings, ein Blutritual umzukehren. Um diesen enorm magisch und kosmisch aufgeladenen Pakt zu neutralisieren, bedarf es schon eines beachtlichen okkulten Wissens. Darum sollte man sich sehr genau überlegen, ob und warum und mit welchem Ziel man solch ein Ritual durchführt!

Muss ich mich sklavisch an Ritualanleitungen halten, auch wenn sie mir nicht liegen?

Sehen Sie alle Ritualanleitungen als einen Leitfaden. Es besteht auch die Möglichkeit, gewisse Hilfsmittel (wie z. B. bei Unverträglichkeit von Düften) untereinander auszutauschen (z. B. gegen gleichwirkende Düfte). Oder schwer beziehbare Kräuter oder Wurzeln durch heimische Wurzeln zu ersetzen etc. In diesem Fall ist unbedingt eine Rücksprache mit einer Expertin zu empfehlen.
Doch beachten Sie: Ablauf des Ritus, Zeitpunkt und Mondstand beim Beginn eines Rituals sollten Sie nicht abändern, da sonst der Erfolg des Rituals beeinträchtigt werden kann (Stichwort Zeitqualität, siehe Seite 46f.)!

Was passiert, wenn astrologische Einflüsse nicht beachtet werden?

Im schlimmsten Fall verkehrt sich das Ritual ins Gegenteil! Das wäre ein ähnlicher Effekt wie bei Goethes »Zauberlehrling«, der die Geister, leider zum falschen Zeitpunkt, rief – und sie nicht mehr loswurde. Doch so schlimm wird es kaum werden.
Meist bleibt der gewünschte magische Erfolg aus, oder es kommt ein »Zufallsergebnis« heraus, das mit dem beabsichtigten magischen Resultat oft wenig gemeinsam hat. Ohne die Zeitqualität für eine Handlung zu berücksichtigen, »stochert« man wie mit einer Augenbinde im Heuhaufen, in der Hoffnung, die verlorene Nadel zu finden – ein frustrierendes, langwieriges bis vergebliches Unterfangen! Daher ist das Beachten astrologischer Regeln wie das Abnehmen der Augenbinde, damit man voraussehen kann, wohin der Zauber führt.
Ideal wäre, man würde den richtigen magischen Moment erspüren – und es herrscht eine der rituellen Absicht gemäße astrologische Zeitqualität!

Darf ich mein Ritual unterbrechen, z. B. wegen Krankheit, Zeitmangel, Lustlosigkeit etc.?

Ja, denn es bringt nichts, wenn Sie das Ritual genervt, lustlos, widerwillig, zerstreut und schlampig durchführen. Es wäre deshalb von Vorteil, an diesem Tag auszusetzen und dafür am nächsten Tag mit neuer Kraft, Energie und vor allem Konzentration das Ritual fortzuführen. Somit ist es sicher vertretbar, mal einen bis allerhöchstens drei Tage auszusetzen. Allerdings sollten Sie das Ritual um die fehlenden Tage verlängern.
Falls Sie jedoch länger ausgesetzt haben, empfehle ich Ihnen, das Ritual am besten ganz abzubrechen. Beginnen Sie zum nächstmöglichen Zeitpunkt neu, da die aufgebaute Energie nicht mehr ausreichend vorhanden ist!

Den Wunsch vergessen!

Immer wieder werde ich von Kunden auf dieses Thema angesprochen. Häufig liest man in Büchern, dass der Wunsch nach durchgeführtem Ritual »vergessen« werden muss, um in Erfüllung zu gehen.

Es stimmt, dass man nicht verbissen und zu verkrampft täglich auf die Erfüllung des Wunsches warten soll – aber vergessen? Wenn mir wirklich etwas am Herzen liegt, kann ich es nicht vergessen. Die Energie eines Rituals will genährt werden, um an Substanz zu gewinnen. So erreiche ich leichter mein Wunschziel. Ich kann nur etwas vergessen, das mir nicht wichtig ist. Wenn ich beispielsweise bis über beide Ohren verliebt bin und mir schon die Knie zu zittern beginnen, wenn ich den ersehnten Partner nur sehe, soll ich das vergessen? Oder ich arbeitslos zu Hause sitze und das Geld knapp wird? Wenn ich dringend eine Autoreparatur brauche, und mir fehlt noch ein Teil des benötigten Geldes? Da soll ich nicht an Erfüllung denken? Das erscheint mir nicht nachvollziehbar.

Nicht vergessen, sondern loslassen ist die Devise! Den Wunsch an das Universum schicken. Ihn der Göttlichkeit anvertrauen und um Erfüllung bitten. Gleichzeitig aber auch für alles bisher Erlebte dankbar sein. Frei nach dem Motto: Große Göttin, es wäre schön, wenn sich mein Wunsch schnell erfüllt, aber falls es aus irgendeinem Grund im Moment nicht geht, bitte ich um das Erkennen von anderen Chancen und Möglichkeiten.

Was kann ich bei einem Ritual falsch machen?

Mit welchen Fingern Sie eine Kerze einölen, ob von oben nach unten oder umgekehrt, ist nicht von magischem Belang. Oder ob Sie anstatt eines vorgeschriebenen Liebesöls, dessen Duft Sie aber nicht mögen, ein anderes, der Richtung entsprechendes magisches Öl verwenden, wird den Ausgang Ihrer magischen Handlung nicht negativ beeinflussen.

Dagegen kann ein Haupthinderungsgrund bei magischen Ritualen sein, dass die äußeren und inneren Rahmenbedingungen nicht stimmen. Wie beispielsweise ein unruhiger oder unpassender Ort, nicht bei der Sache sein, falscher Zeitpunkt/falsche Zeitqualität, moralische und ethische Regeln nicht beachten – oder Sie befinden sich in einer schlechten Verfassung und/oder Stimmung.

Wann muss ich ein Ritual sofort beenden?

Wenn Sie während der Zeremonie ominöse Veränderungen bemerken, etwa wenn auf unerklärliche Weise eine Kerze plötzlich auf dem Altar umfällt und diesen entzündet. Wenn eine Glaskerze gleich zu Beginn des Rituals Risse bekommt oder sogar zerspringt. Oder Sie spüren ein deutliches psychisches und/oder physisches Unbehagen.

In all diesen Fällen sollten Sie sofort die Notbremse ziehen und die rituelle Handlung unterbrechen! Vergessen Sie danach bitte auch nicht, schnellstens eine Reinigungsräucherung zu entzünden, um sämtliche schädliche Energien zu neutralisieren.

Was kann nach einem Ritual passieren?

Was genau geschieht, wenn bei einem Ritual etwas nicht ganz richtig gelaufen ist, kann nicht vorhergesagt werden. Im Prinzip ist alles möglich, da Magie in einem feinstofflichen Bereich wirkt, der nur schwer einzuschätzen ist. Im besten Fall wird gar nichts passieren, im schlimmsten Fall kehrt sich die erwünschte Situation ins Gegenteil.

Man kann allerdings ein Orakel um den Ausgang des Rituals befragen.

Gibt es Erste-Hilfe-Maßnahmen?

Ja, als Erstes sollten Sie nach einem misslungenen Ritual sofort eine Reinigungs- und eine Schutzräucherung durchführen und sich erden. Mindestens ebenso wichtig ist es in diesen Fällen, sich nicht in eine negative Emotion hineinzusteigern.
Am besten und sichersten wäre es jedoch, sich an eine Hexe Ihres Vertrauens zu wenden.

Habe ich Fehler gemacht, wenn sich die Situation zunächst verschlechtert?

Wie in der Medizin kann man auch in der Magie beobachten, dass manchmal eine so genannte Erstverschlechterung eintritt (Homöopathie). Aber keine Angst! Durch ein Ritual werden starke Energien freigesetzt, und diese Ströme werden von anderen Personen unterbewusst wahrgenommen. Daher ist es nicht weiter verwunderlich, wenn sich z. B. jemand anfangs irritiert zurückzieht durch dieses völlig fremde und ungewohnte Gefühl, da man die Kraft der Magie in sich spürt, aber nicht zuordnen kann. Letztendlich sollte dieses Ritual jedoch seine Wirkung nicht verfehlen und die gewünschte Situation herbeiführen.

Was ist, wenn ein Ritual nicht »funktionieren« will?

Es kommt immer wieder vor, dass ein Ritual scheinbar nicht klappen will, egal, wie oft und wie lange man es praktiziert. Man kann es so formulieren: In der Magie lässt sich wie im Alltagsleben auch nichts erzwingen! Möglicher Grund: karmische Vorsehung, beispielsweise bei einem Partnerritual. Der ersehnte Partner ist nicht zu Ihnen zurückgekehrt bzw. lässt auf sich warten. Versteifen Sie sich nicht auf die Vorstellung von dem einen Partner. Es kann doch sein, dass dieser karmisch-schicksalhaft nicht für Sie vorgesehen ist, sondern woanders der Richtige wartet – nur von Ihnen (noch) nicht erkannt!
Andererseits stellt sich vielleicht erst nach längerer Zeit heraus, dass das scheinbar unwirksame Ritual durchaus gewirkt hat – auch wenn es anders gekommen ist, als ursprünglich beabsichtigt. Beispiel: Wenn ich ein Liebesritual für Franz durchführe, kann es sein, dass ich statt eines magisch gewollten Franz einen Hans kennen lerne. Und genau dieser Hans mag es sein, mit dem ich das wahre Partnerglück finde!
Dies zeigt, dass die Energie, die Sie in das Ritual gesteckt haben, nicht verloren gegangen ist; sie wurde lediglich in die für Sie richtige Bahn gelenkt. Wie eine sehr liebe Bekannte einmal treffend ausdrückte: Das, was wir wollen, ist nicht immer das, was wir brauchen! Wie recht sie doch hat!

Kann ich mehrere Rituale gleichzeitig durchführen?

Gewiss kann man mehrere Rituale gleichzeitig durchführen; allerdings bezweifle ich, dass dies effektiv ist. Werden zu viele Rituale gleichzeitig zelebriert, wird die Energie diffus und verwischt – Kraft und Effekt verlieren sich, die magische (Ziel-)Richtung wird verfehlt!
Einmal berichtete eine Freundin, dass sie gerade vier Rituale gleichzeitig durchführe. Sie liefe von einem Altar zum nächsten, sagte sie, und sei völlig fertig und durcheinander, da sie ohnehin leicht den Faden verliere. Als sie so von einem Altar zum anderen hetzte, meinte sie plötzlich, eine Stimme zu vernehmen, die fragte, was sie da so treibe und ob sie glaube, dass dies wirklich Sinn ergäbe. Daraufhin

hielt sie in ihrem wirren magischen Treiben inne, setzte sich und überlegte, ob das jetzt tatsächlich die Göttin war, die zu ihr sprach ... Sie blickte um sich und betrachtete sich selbst und ihr Tun aus einer anderen Perspektive. So wurde ihr plötzlich bewusst, dass dies einfach zu viel war.

Alles im Leben braucht seine Zeit, und viele Dinge lassen sich unmöglich beschleunigen. Ein Ritual sollte also auf dem anderen aufbauen. Es hat überhaupt keinen Sinn, alles gleichzeitig machen zu wollen. Denn das bringt – außer Stress im Kopf – gar nichts.

Überlegen Sie sich genau, was Sie als Nächstes wollen. Erarbeiten Sie einen Plan. Gehen Sie Schritt für Schritt zu Ihrem Wunschziel. Nur so ist es wirklich sinnvoll – und bringt auch den gewünschten Erfolg!

Den richtigen Partner fürs Leben mit einem Ritual finden – geht das?

Ja, grundsätzlich schon. Die Voraussetzungen müssen stimmen, und Sie sollten wirklich offen und bereit für eine Beziehung sein. Bevor Sie sich nicht hundertprozentig sicher sind, dass dieser eine auserwählte Partner wirklich »Mr. Right« ist, empfehle ich Ihnen, bei Ihren Ritualen den Wunsch allgemein zu formulieren, wie z. B.: »Ich wünsche mir den Partner, der zu mir passt!« Oder Sie schreiben die für Sie wichtigsten Eigenschaften und Charakterzüge des ersehnten Partners auf.

Jedoch sollten Sie Fixierungen vermeiden, in denen Sie formulieren: »Ich möchte unbedingt und nur XY als Partner bekommen!« Denn auf diese buchstäblich fixe Art schränken Sie die magische Verwirklichungsenergie ein. Wenn Sie aber, wie oben erwähnt, einen Partner herbeiwünschen, der »optimal zu mir passt«, hat die Göttlichkeit einen großen Spielraum und kann Ihnen den für Sie am besten geeigneten Partner zuführen.

Wie finde ich den richtigen Zeitpunkt für eine Partnerschaft?

Eine astrologische Beratung kann Ihnen dabei helfen, den optimalen Zeitpunkt für eine angestrebte Liebesbeziehung zu finden. Auch ein Kartenorakel bringt Licht in das partnerschaftliche Dunkel. In der Regel zeigen die Karten sehr deutlich, ob und wann eine Beziehung vorgesehen ist. In diesem Fall kann man davon ausgehen, dass in absehbarer Zeit und nach einigen Ritualen das erwünschte Ziel erreicht ist. Wichtig ist immer der Startzeitpunkt eines Rituals. Bedenken Sie, dass die Sache unter einem guten Stern stehen muss. Es ist oft entscheidend, den richtigen Zeitpunkt zu wählen, da sich am Ritualbeginn die Energie aufbaut, bündelt und schließlich »losgeschickt« wird!

Was mache ich mit den Ritualresten?

Bei einem Ritual, das Vermehrung bringen soll, vergraben Sie die Ritualreste, wie z. B. ein Stück des Kerzenwachses, Räucherasche, Papier etc., unter einem Frucht tragendem Baum oder Strauch, wie z. B. Obstbäumen oder Rosenstöcken. Sie können die Reste aber auch in ein stehendes Gewässer werfen oder ein kleines Stück Wachsrest zusammen mit einem Foto, einer Wurzel, einem Stein, Pergament etc. in einem kleinen Beutel bei sich tragen.

Bei einem Ritual, das Auflösung bewirken soll, brechen Sie die Wachsreste und werfen sie mit den anderen Resten in ein fließendes Gewässer. Sie können bei einem Auflösungsritual die verschiedenen Teile auch in Mülleimer an verschiedenen Orten werfen.

Wann ist es sinnvoll, ein Liebesritual zu zelebrieren?

Am erfolgversprechendsten ist ein Liebesritual, wenn Sympathie und Zuneigung zwischen der magisch wirkenden Person und dem erwünschten Partner schon vorhanden sind. Doch selbst wenn noch kein ersehnter Partner in Sicht ist, sollten Sie Liebesrituale praktizieren. Dadurch schaffen Sie ideale Voraussetzungen, um innerhalb eines magisch erwünschten Zeitraums interessante neue Begegnungen zu haben, die letztendlich zum Wunschpartner führen. Durch das mehrmalige Vollziehen eines Liebesrituals verfügen Sie über eine magisch-erotische Ausstrahlung, die Ihnen bei der Partnersuche in jedem Fall Vorteile bringen wird!

Wann ist von einem Liebesritual abzuraten?

Sehr unklug wäre es, eine bestimmte Situation erzwingen zu wollen – wenn der auserwählte Partner z. B. gebunden ist oder keinerlei Interesse oder gar Abneigung Ihnen gegenüber zeigt. Es kann schmerzliche Folgen haben, entgegen allen Warnungen, Logik und noch dazu »schlechten Karten« eine Beziehung mit einem speziellen Partner einzugehen. Wenn Sie trotzdem von der Idee besessen sind, diesen einen Menschen für sich zu erobern, ist eine große Enttäuschung oft vorprogrammiert.
Damit das Beschriebene deutlich wird, schildere ich ein Beispiel aus meiner magischen Praxis: Eine junge Frau war regelrecht besessen vom Wunsch, einen bestimmten Mann zu erobern. Dieser wies sie jedoch ständig ab. Da es ihr nicht möglich war, sein »Nein« zu akzeptieren, begann sie, mit aller magischen Macht auf ihn einzuwirken. Nach langem Widerstand seinerseits wurden sie letztendlich doch ein Paar. Jetzt lebt sie mit ihm in einer unglücklichen Beziehung, da er sie ständig mit anderen Frauen betrügt und für sie kein liebes Wort übrig hat. Er ist magisch an sie zwangsgebunden – und nicht aus Liebe bei ihr. Auch sie leidet sehr darunter und ist unglücklich. Und nicht nur das: Sie hat sich darüber hinaus noch um eine mögliche gute, erfüllende Beziehung mit dem »passenden« Mann gebracht. Ihr wäre dieses Leid erspart geblieben, hätte sie mehr auf die Vorzeichen geachtet. Die beiden stecken nun in einer fatalen Situation, da sie durch Magie aneinander gebunden sind, aber keine echte Liebe vorhanden ist – trauriges Beispiel dafür, wie sich Magie auswirken kann, wenn man gegen bestimmte Grundsätze verstößt.
Fixieren Sie sich deshalb nicht zwanghaft auf einen speziellen Partner. Denn vielleicht bringen Sie sich im Endeffekt um die große Chance, den »Richtigen« zu finden und eine liebevolle und harmonische Beziehung zu führen!

Was ist, wenn mein Wunschpartner schon gebunden ist?

In den Karten ist meist klar zu sehen, ob der Wunschpartner frei ist. Falls Sie bereits wissen, dass er in einer festen intakten Beziehung lebt, vielleicht sogar mit Kindern, würde ich unbedingt von einem Liebesritual abraten!
Sie sollten stets bedenken, dass Sie, wenn Sie einen gebundenen Partner anziehen möchten, unter Umständen eine Ehe zerstören und dadurch viel Unglück bringen können. Bedenken Sie auch den Rückpralleffekt! Meine Erfahrung zeigt, dass die Wirkung eines solchen Rituals meist nach einiger Zeit nachlässt und das Aufrechterhalten dieser magisch erzwungenen Verbindung schwierig wird, da dies gegen die kosmischen Gesetze verstößt.

Glossar

Alraune

(botanisch *Mandragora officinalis*). In der Hexentradition die klassische Wurzel schlechthin und seit der Antike auch als starkes Zaubermittel bekannt. Bekannt wurde sie vor allem wegen ihres menschenähnlichen Wuchses. Sie wird zur Verstärkung und Unterstützung für sämtliche magischen Arbeiten angewendet.

Altar

Er steht im Mittelpunkt des rituellen Geschehens, ist neben der praktizierenden Hexe das Kraftzentrum im magischen Kreis und dient u. a. zur Ablage für rituelle Gegenstände. Dekorieren Sie Ihren Altar liebevoll in der dem Ritual entsprechenden Farbe und Symbolik.

Altarkerzen

Diese meist weißen Schutzkerzen flankieren links und rechts die Ritualkerzen und brennen während der gesamten Zeremonie. So schützen und unterstützen sie das Geschehen mit heiliger Flamme.

Altartuch

Wie ein Tischtuch wird es über den Altar gelegt. Nutzen Sie auch hier die Kraft der Farben. Das Altartuch kann noch mit speziellen Symbolen verziert werden, wie z. B. Pentagramm, Runenzeichen oder individuell gewählten Motiven.

Amulett

(lateinisch *amuletum* = Kraftspender). Meist ein kleiner Gegenstand, der mit besonderen Zeichen verziert ist und den man in der Regel um den Hals trägt. Die speziellen Symbole, denen magische Kräfte innewohnen und die man offen oder versteckt trägt, wirken direkt auf die Aura des Trägers, verhelfen zu Glück und bewahren vor Schaden.

Aradia

Tochter von Diana, der Muttergöttin, und Luzifer, dem Gott des Lichts, dem Lichtträger. Sie war die erste Hexe und ist Schutzherrin aller Hexen.

Athame

Der Ritualdolch oder das -schwert ist ein Ritualgegenstand, der dem Element Luft und der Himmelsrichtung Osten zugeordnet ist. Er ist Symbol für messerscharfen Verstand. Man verwendet ihn, um einen Schutzkreis zu ziehen und zum symbolischen Durchtrennen von Verbindungen oder Abhängigkeiten – oder ganz praktisch zum Schneiden von Kräutern.

Bergkristall

Talisman und Quarzgestein. Er steht für Klarheit und Neubeginn und wird u. a. auch bei Heilung eingesetzt. Bei Ritualen wird er für klare Gedanken und zur Verstärkung genutzt. Ein Bergkristall sollte in Ihrer Grundausstattung nicht fehlen.

Binden eines Zaubers

Hierbei wird visualisiert, dass ein Band magisch um den Zauber gewunden wird – zur Verstärkung und zum Schutz gegen fremde oder negative Einflüsse. Danach wird die geballte Energie »losgeschickt«.

Bleikristall

Spezielle Verarbeitungstechnik von Glaskugeln, die mit Hilfe einer Platinform gegossen werden und dadurch eine sehr hochwertige, klare und schöne Qualität erreichen.

Buch der Schatten

Arbeits- und Tagebuch der Hexen. Darin werden z. B. Träume, Kartenbilder, Rituale, Mixturen, Sprüche, Meditationen, Visionen und somit der gesamte Werdegang als Hexe notiert. Dieses Buch wird von Generation zu Generation weitergegeben und -geführt.

Charisma

(aus dem Griechischen für Gnadengabe, aus Wohlwollen gespendete Gabe). Geradezu magnetische und hypnotische Ausstrahlungskraft eines Menschen. Seine Steigerung ist durch gezielte Rituale möglich und eröffnet neue Chancen, um auf Mitmenschen zu wirken.

Dolch/Schwert

Siehe Athame

Drache

Hüter der Mysterien. In nahezu allen Kulturen findet man Geschichten über Drachen. Sie bewachen Schätze oder geheimes Wissen und sind sehr klug und weise. Als Statue auf dem Altar sorgt der Drache für den schnelleren Zugang zu verborgenen Fähigkeiten und Talenten des Praktizierenden bei der magischen Arbeit. Gleichzeitig wirkt er schützend gegen störende Einflüsse.

Dreifache Göttin

Jungfrau – Mutter – Alte; entspricht der Verkörperung einer Frau in diesen drei Lebensphasen. Die Darstellung wird durch die Mondphasen symbolisiert: Der zunehmende Mond ist das Symbol der Göttin in ihrer Mädchengestalt. Der Vollmond ist das Symbol der Göttin in ihrer Gestalt als erwachsene Frau, die Fruchtbarkeit und Mutterschaft verkörpert. Abnehmender Mond und Neumond sind das Symbol der Greisengöttin und Schnitterin. Sie beherrscht die Unterwelt, in der sie als winterliche Todesgöttin regiert, um im neuen Jahr wieder zum Licht aufzusteigen, das den Jahreskreislauf mit den vier Jahreszeiten symbolisiert.

Drittes Auge

Punkt in der Mitte der Stirn knapp über den Augen, der den Blick für verborgene Zusammenhänge öffnet und Verbindung zur Göttlichkeit herstellt. Das dritte Auge kann durch Meditationstechniken geöffnet werden.

Einhorn

In der heutigen Zeit ins Reich der Fabelwesen gedrängt worden, soll jedoch tatsächlich einmal existiert haben. In Märchen oder Mythen wird dieses weiße Pferd mit einem gedrehten Horn auf der Stirn als äußerst scheues und reines Wesen dargestellt. Das Horn ist zauberkräftig; wer es besitzt, erreicht unglaubliche magische Macht. Zudem sagt man, dass die Tränen des Einhorns Tote auferwecken können.

Elementarwesen

Naturgeistwesen, den vier Elementen zugeordnet: Wassergeister – Undinen, Nixen, Nymphen; Erdgeister – Gnome, Zwerge und Trolle; Luftgeister – Sylphen; Feuergeister – Salamander. Sie hüten und beschützen die Natur.

Elfen

Kleine Naturwesen, die meist auf speziellen Plätzen wie z. B. einem Hügel leben. Sie sind sehr zart, durchscheinend und können in besonderen Vollmondnächten von auserwählten Menschen bei Tänzen beobachtet werden. Elfenstaub lässt die verborgene Welt erkennen und erfüllt einen Herzenswunsch.

Elixier

Zaubertrank, der von kräuterwissenden Frauen oder Magiern nach geheimnisvollen Rezepturen gebraut wird. Diese Getränke können z. B. den Blick in die Zukunft ermöglichen, das Feuer der Liebe entfachen oder aber den Schleier des Vergessens über diejenige Person legen, die davon trinkt.

Eule

Krafttier; steht in der Hexentradition für Weisheit und altes magisches Wissen. Sie ist auch eine Überbringerin von Botschaften.

Farbsymbolik

Mit den entsprechenden Farben wird das Ritual verstärkt. So sollte stets die passende Farbqualität in das magische Geschehen eingebaut werden, z. B. mit entsprechender Dekoration, Kleidung, Kerzenfarbe, Altartüchern etc.: Rot – Liebe, Energie, Durchsetzungsvermögen, Feuer, Sexualität; Grün – Geld, Erfolg, Ausgleich, Harmonie, Reichtum; Gelb – Kommunikation, Kreativität, Überzeugungskraft, Konzentration; Weiß – Neubeginn, Tugend, Ehrlichkeit, Spiritualität, Heilung; Schwarz – Bann- und Schutzrituale, Schadens- und Umkehrzauber, aber auch Glück; Blau – Treue, Ruhe, Aktivierung der Selbstheilungskräfte.

Fledermaus

Kraft- und Begleittier der Göttin. Schon von jeher steht die Fledermaus in dem Ruf, mit magischen Fähigkeiten ausgestattet zu sein. So soll sie Dinge im Verborgenen sehen und eine Gestaltwandlerin sein, die auch zu fremden Welten Zugang hat.

Freifliegend

Als freifliegend bezeichnet man diejenigen Hexen, die sich keiner Gruppe und keinem Konvent angeschlossen haben, nach individuellen Vorstellungen und allein praktizieren.

Gargoyle

Dämonenbanner, Schutzengel, der einen Ort vor negativen oder störenden Einflüssen oder Geistern beschützt. Gargoyles findet man seit der Antike auf Tempelanlagen oder an Kirchenportalen, wo sie als Wasserspeier fungieren, z. B. an Notre Dame oder dem Kölner Dom. Durch ihr Furcht einflößendes Äußeres sollen sie andere Dämonen abschrecken.

Glaskerze

Ein- oder mehrfarbige Ritualkerze in einem feuerfesten Glaszylinder, bei dem die Außenseite mit bestimmten Symbolen und/oder Sprüchen bedruckt ist. Sie wird bei Ritualen auch Sieben-Tage-Kerze genannt, da sie mehrere Tage am Stück brennt.

Hag

Althochdeutsch für Hecke oder Zaun. Gemeint ist ein deutlich abgegrenzter Ort oder Platz innerhalb eines Schutzkreises, in dem Rituale und Zauberwirken durchgeführt werden.

Heilstab

Spezieller Zauberstab, mit dem auch Heilungsrituale praktiziert werden. Er kann aus verschiedenen Materialien wie z. B. Stein, aus Metall, Holz oder auch aus Knochen bestehen. An der Spitze und am Ende des Stabes befindet sich zumeist ein Bergkristall zum Aktivieren oder Ausleiten von Energien oder Blockaden.

Heiratskerze

Figurenkerze, die ein Hochzeitspaar darstellt. Sie wird meist in den Farben Rot, Weiß oder Schwarz angeboten. Ideal für alle Vorhaben und Rituale, die mit festen Bindungen oder Ehe zu tun haben. Auch hier gilt wiederum die Farbentsprechung für die Ausrichtung des Ritualziels.

Hekate

Sie ist die Göttin der dunklen Künste, der Zauberei und Schutzgöttin aller zauberkundigen Frauen und Hexen. Hunde sind ihre Begleittiere. Sie wird meist an Wegkreuzungen angetroffen, deshalb wird sie bei schwierigen Entscheidungen gerne um Hilfe gebeten. Als dreifache Göttin entspricht sie der letzten Phase im Lebenszyklus einer Frau, der Alten und Weisen.

Hexe

Bezeichnung für eine Frau, die mit verborgenen Welten Kontakt aufnehmen kann. Sie ist mutig, wild, leidenschaftlich und nutzt bewusst ihre Kraft. So steckt eine kleine Hexe in jeder von uns. Ob diese auch geweckt und gestärkt wird oder nur gelegentlich dem Lebensglück mit Zauberei auf die Sprünge hilft, das entscheidet jede Frau selbst.

Hexenbrett

Auch Oui-Ja oder Witchboard genannt, ein Medium zur Kontaktaufnahme mit Verstorbenen und Geistwesen. In der Regel ist es aus Holz, und man benötigt eine so genannte Planchette oder ein Trinkglas. Auf das Brett sind die Buchstaben des Alphabets, Zahlen und verschiedene Symbole gezeichnet. Während einer Sitzung (Séance) berühren die anwesenden Personen (mindestens zwei) mit ihren Fingerspitzen die Planchette. Eine Anrufung erfolgt, und mit etwas Glück und Ausdauer kann Kontakt zur Geisterwelt hergestellt werden. Hierbei sei angemerkt, dass respektvoller Umgang mit der Entität Voraussetzung ist. Ich empfehle diese Arbeit nur erfahrenen Hexen!

Hexenkessel

Gilt in der Hexentradition als Sitz des Selbstbewusstseins und symbolisiert die Macht einer Hexe. Je größer der Kessel, desto mächtiger die Zauberin. Die walisische Göttin Cerridwen braut in ihrem großen Kessel das Elixier des Lebens, der Inspiration und Weisheit.

Hygieia

Griechische Göttin der Gesundheit und Schutzherrin aller Apotheker. Der Begriff »Hygiene« wird von ihr abgeleitet.

Isis

Ägyptische Himmelsgöttin und Beschützerin aller Frauen und Mütter, aber auch Herrscherin über das Reich der Toten, da sie ihren getöteten Gatten mittels Magie von den Toten wiederauferstehen ließ.

Kali

Indische Göttin des Todes und der Zerstörung, aber auch der Wiedergeburt und der Erneuerung. So besitzt sie beide Aspekte, die des Lebens und des Todes. Sie gilt als Göttin der Transformation, zerstört Illusionen und rächt Ungerechtigkeiten.

Karma

(Sanskrit für Wirken, Tat). Dieser Begriff ist eng mit dem Glauben an die Wiedergeburt, die Reinkarnation, verbunden – und damit an die Gültigkeit des Ursache-Wirkungs-Prinzips auf geistiger Ebene.

Karnayna

Neben Aradia stellt Karnayna, der Gehörnte, den männlichen Aspekt im Hexentum dar. Er symbolisiert somit das männliche Prinzip der Jagd und Fruchtbarkeit.

Katze

Krafttier und klassisches Haustier einer Hexe. Sie gilt in vielen Religionen und Kulturen als heiliges Tier. Die Katze ist ein Geschöpf der Nacht, ihre Augen leuchten im Dunkeln, und sie ist eine ausgezeichnete Jägerin. Sie zeichnet sich durch ihre Eigenwilligkeit aus und ist eine Gestaltwandlerin. Die Katze ist ein Begleittier der Göttin Diana. Sie ist Verbündete von uns Hexen und unterstützt uns im Ritual durch ihre magische Aura, die sie zweifelsohne besitzt.

Katzenkerze

Figurenkerze in Form einer Katze, die bei speziellen Ritualen zur Anwendung kommt. Beachten Sie auch hier wieder die Farbentsprechung: Grün für Geldrituale, Schwarz für dunkle Magie oder Bann- sowie Schutzrituale, Rot für Liebeszauber etc.

Kelch

Ritualgegenstand, der dem Element Wasser und der Himmelsrichtung Westen zugeordnet ist. Er ist Symbol für Intuition. Man verwendet ihn z. B., um Wasser oder Rotwein zu weihen und im Ritual daraus zu trinken.

Keltisches Kreuz

Uraltes Symbol der Kelten, zeigt ein gleichschenkliges Kreuz in einem Kreis. Es ist jedoch nicht zu verwechseln mit dem christlichen Kreuz, das ein Folterinstrument darstellt. Das keltische Kreuz verdeutlicht die vier Elemente und das Gleichgewicht in der Natur. Es ist oft mit Ornamenten, den so genannten keltischen Knoten, verziert, die die Verbundenheit zum Kosmos symbolisieren.

Kerze

Seit Anbeginn der Zeit ist das Feuer eng mit der Menschheitsentwicklung verbunden. Es spendet Licht, Schutz und Wärme. Kerzen sind der Himmelsrichtung Süden sowie dem Element Feuer zugeordnet und sollten in keinem Ritual fehlen. Sie dienen während einer magischen Handlung außerdem als Konzentrationshilfe.

Kerzenfigur Mann/Frau

Figurenkerze in Menschenform, entweder Mann oder Frau. Üblicherweise entspricht die Kerzenfigur der zu bezaubernden Person. So wird die Kerze auch rituell getauft sowie Name und Geburtsjahr eingeritzt. Beachten Sie auch hier die Farbentsprechung.

Knotenzauber

In diesem speziellen Ritual wird eine bestimmte Anzahl Knoten samt entsprechendem Zauberspruch mit einer Schnur geknüpft. Dies dient zur Verstärkung des Bindezaubers. Die zusammengebundenen Dinge werden dadurch magisch miteinander verschmolzen. Somit wirken diese sich synergetisch und harmonisch auf Ihr Ritual und Wunschziel aus.

Konvent

(vom englischen *Coven*). Besteht meist aus einer festen Gruppe von bis zu 13 Leuten (entsprechend den 13 Monden im Jahr) und stammt aus der neuzeitlichen Wicca-Tradition. Man unterscheidet dianische (rein weibliche) und gemischte (männliche und weibliche) Konvente.

Kristallkugel

Medium für den Blick in die Zukunft, aber auch wunderbare Meditationshilfe. Es ist sogar möglich, mit anderen Magiern und Hexen über sie in Kontakt zu treten oder in andere Welten zu reisen. Kugeln sind in verschiedenen Größen und Materialien erhältlich. Eine Mindestgröße von zwölf Zentimeter sowie eine sehr klare Glas- oder Steinqualität, z. B. Bergkristall, sind empfehlenswert. Ideal eignet sich dafür Bleikristall, da keinerlei Schlieren oder Glasbläschen von der Konzentration ablenken.

Liebesperlen

Diese kleinen roten Samenkörner, die in den verschiedensten Ländern der Erde und deren Kulturen als Talisman verwendet werden, sorgen für Liebe und Glück beim Besitzer. Es werden immer drei Stück pro Person bei sich getragen; dadurch werden die Liebe und das Glück gelockt und verstärkt.

Loostage

Als Loostage werden speziell vier Tage – 21., 24. und 31. Dezember, 5. Januar – bezeichnet. In dieser Zeit, in der die Nächte am längsten und dunkelsten sind, wird das Orakel um die Zukunft des neuen Jahres befragt. Fenster und Türen werden fest verschlossen, es wird geräuchert und gebetet, da die »wilde Jagd« durchs Land zieht. Die wilde Jagd ist ein Geisterheer, in dem auch Odin, der Göttervater, und die mächtige Dämonin Perchta mitziehen.

Magische Tinte

Traditionell werden bei Ritualen Bitten und Wünsche mit magischer Tinte auf Ziegenhaut oder Pergamentpapier geschrieben. Diese speziellen Tinten verstärken die Zauberkraft des geschriebenen Wortes. Sie sind als Tauben-, Drachen- oder Fledermausbluttinte erhältlich. Aber keine Sorge: Kein Tier musste dafür sterben, da es rein pflanzliche Tinten sind.

Magischer Spiegel

Im Gegensatz zum normalen Spiegel hat der magische Spiegel eine schwarze, hochglänzende Spiegelfläche. Wie die Kristallkugel ist auch der schwarze Spiegel eine Meditationshilfe. Dem Praktizierenden ist es möglich, mit Hilfe des Spiegels zukünftige Tendenzen oder Situationen zu erkennen und auch in neue unbekannte Welten zu reisen oder Kontakt mit Geistwesen in anderen Dimensionen aufzunehmen.

Magisches Öl

Dem Element Wasser und der Himmelsrichtung Westen zugeordnet. Magische Öle betören durch ihren außergewöhnlichen Duft und intensivieren die magische Aura. Sie können miteinander gemischt werden, z. B. »Liebe« mit »Hexing« = Liebeszauber, »Erfolg« mit »Magie« = Erfolgszauber.

Magistelli

Gedankenbote, der durch intensive Gedankenkonzentration und -kraft erschaffen wird und Nachrichten selbst über große Distanzen überbringt. Nach Ausführen der Aufgabe löst sich das Magistelli wieder in reine Energie auf.

Meditation

(lateinisch *meditatio* = das Nachdenken über oder lateinisch *medius* = die Mitte). Achtsamkeits- und/oder Konzentrationsübung mit dem Zweck, einen veränderten Bewusstseinszustand oder letztlich sogar die Erleuchtung zu erreichen. Meditationen mit einer gezielten Visualisation sind diejenigen Übungen, die zum gewünschten magischen Erfolg verhelfen.

Orakel

Methode, um den göttlichen Willen oder auch die persönliche Zukunft zu erkennen. Es werden verschiedene Orakeltechniken praktiziert, wie z. B. Karten, Kristallkugel, Pendel, Runen, Wasserschau sowie aus dem Kaffeesatz lesen.

Pendel

Ideale Entscheidungshilfe, unterstützt dabei, Kontakt mit dem Unterbewussten herzustellen. Es wird für Ja-/Nein-Antworten angewendet und ist in verschiedenen Formen und Materialien wie Stein, Metall oder Holz erhältlich.

Pentagramm

Ein fünfstrahliger Stern, der in einer durchgängigen Linie gezogen und schon seit der Antike verwendet wird. Bis heute findet es speziell im okkulten Bereich großen Anklang und wird von den verschiedensten Gruppierungen genutzt. Das Pentagramm ist ein kraftvolles Symbol, mit dem in zwei Varianten gearbeitet wird: mit der Spitze nach oben, was den aufrecht stehenden Menschen darstellt und die geistige Verbindung zur Göttlichkeit verdeutlicht. Oder mit der Spitze nach unten, was den Kontakt zur materiellen und sexuellen Ebene sowie zur dunklen Seite zeigt. Zudem ist das Pentagramm ein Venussymbol und wird zur Verstärkung der eigenen Ausstrahlungskraft und bei Liebesritualen eingesetzt.

Pentakel

Scheibe aus Metall oder Holz, die das Element Erde und die Himmelsrichtung Norden symbolisiert. Es verdeutlicht die Manifestation des Wunsches und erinnert den Zauberwirkenden stets daran, an seinem Glauben an die Wunscherfüllung und seinen Zielen festzuhalten.

Pythia

So wurden in Griechenland Priesterinnen bezeichnet, die auf einem Dreifuß im Tempel von Delphi saßen und Rat Suchenden, berauscht von Dämpfen, in Trance weissagten. Jedoch mussten diese oftmals unverständlichen Aussagen von einem Priester übersetzt und interpretiert werden.

Räucherung

Dem Element Luft zugeordnet, stellt den ersten Kontakt zur Göttlichkeit her. Der magische Rauch stimmt die Geister und Götter gnädig und lässt sie unterstützend auf unser Vorhaben einwirken. Die Botschaft im Rauch besteht aus geräucherten Kräutern und Harzen (Weihrauch), duftenden Hölzern und Blüten. Denn jede Substanz besitzt eine bestimmte Wirkung, ob reinigend, bannend, schützend, aphrodisierend oder verstärkend.

Reinigungszauber

In diesem Ritus werden Orte und Plätze wie z. B. Wohnungen und Häuser, aber auch die Aura von negativen Energien oder Geistern gereinigt. Für die praktizierende Hexe sind regelmäßige Räucherungen selbstverständlich. Vor einem Ritual sollte der Ritualplatz durch eine Reinigungsräucherung, z. B. mit Salbei, Kampfer oder Weihrauch, vor störenden Energien gereinigt werden. Geräuchert wird z. B. vor Ritualen, nach einem Streit, bei und nach Krankheiten, um eine bannende und neutralisierende Wirkung zu erzielen. Aber auch vor der Arbeit mit dem Hexenbrett oder wann immer man das Gefühl hat, eine klare und reine Atmosphäre erzeugen zu wollen.

Ritualkerze

Symbolisiert das Element Feuer und dient während eines Rituals als Konzentrationshilfe, um die Gedanken zu bündeln und auf das gewünschte Ziel zu lenken. Eine Kerze sollte jeweils nur für einen einzigen Wunsch abgebrannt werden.

Ritualöl

Auch magisches Öl genannt. Diese hochwirksamen Öle steigern die Ausstrahlungskraft und verstärken die magische Energie zur Wunscherfüllung um ein Vielfaches. Man kann sie anstelle eines Parfüms verwenden, in die Duftlampe träufeln oder dem Badewasser zufügen. Ideal auch zum Salben von Ritualkerzen oder Verstärken von Talismanen.

Rose von Jericho

Unsterbliche Wüstenpflanze, die den ewigen Kreislauf des Werdens und Vergehens zeigt. Sie ist ein Wunder der Natur. Legt man sie in eine Schale mit Wasser, beginnt sich dieses unansehnliche, graue und vertrocknete Knäuel langsam Ästchen für Ästchen zu öffnen und ist am Ende tellergroß. Von der Mitte her zeigt sie ein saftiges Grün und verbreitet eine angenehme Atmosphäre von Ruhe und Harmonie. Allerdings darf sie nur eine Woche im Wasser liegen und sollte ganz eintrocknen, bevor man sie erneut erblühen lässt.

Runen

Älteste Schriftzeichen der Germanen. Das Wort »Rune« (raunen) bedeutet Flüstern oder Geheimnis. Man kann sie als Sinnbilder für bestimmte Wesenheiten, Handlungen oder Lebensumstände betrachten, als Energieträger und Zaubersymbole, aber auch als Buchstaben (Buchenstäbchen). Aus Runen wurden in der germanischen Welt z. B. heilige Zauberformeln geritzt. Später wurden mit ihnen Schriftstücke verfasst oder Gegenständen Kraft verliehen. Runen wurden geschaffen, um den Menschen einen bildlich-magischen Zugang zu innerem und äußerem Wissen zu ermöglichen. In Entscheidungssituationen kann das Ziehen einer Rune Klarheit bringen, da diese immer ein Schwerpunktthema anzeigt.

Runenwerfen

Orakeltechnik, mit der zukünftige Tendenzen oder Ereignisse gedeutet werden können.

Dafür verwenden Zauberkundige Buchenstäbchen, Knochen oder Steine mit Runensymbolen. Diese werden mit einer Hand geworfen. Aus der Art, wie die Runen liegen, wird das Orakel gedeutet.

Schädelkerze

Ritualkerze in Form eines Schädels. Sie wird in der Magie positiv (z. B. Heilungs- und Willensrituale) oder negativ (z. B. gezielte Manipulation von Personen) verwendet.

Schadenzauber

Maleficium. Diese dunkle Seite, auch linkshändiger Weg genannt, dient ausschließlich zur negativen und destruktiven Anwendung der magischen Kunst. Es ist ein Weg des puren Egoismus, der stets dem eigenen Vorteil dient. Bei Schadenzauber wird willentlich anderen Personen Schaden und Unglück zugefügt.

Schlange

Kraft- und Begleittier der Göttin. Die Schlange ist auf vielen Darstellungen meist in Verbindung mit dem Weiblichen zu sehen. Durch die Fähigkeit, sich mehrmals im Jahr zu häuten, wird die Schlange auch als Zeichen für Transformation und Erneuerung sowie als Symbol für Initiation gesehen. Sie symbolisiert in vielen Kulturen das Prinzip von Klugheit, Weisheit und Abwarten des richtigen Zeitpunkts.

Schutzgeist

So wird ein Energiewesen bezeichnet, das auf eine bestimmte Person Acht gibt und für deren Wohlergehen sorgt. Jedem Menschen steht ein Schutzgeist oder auch Schutzengel zur Seite. Mit diesem Wesen kann man durch Meditation Kontakt aufnehmen und es um Rat fragen oder um Hilfe bitten. Dieses Wesen besitzt nichts Böses oder Negatives und ist rein in seinen Gedanken. Allerdings ist es ihm nicht möglich, gegen den Willen seines Schützlings Dinge oder Entscheidungen zu beeinflussen.

Schutzkreis

Er wird vor Beginn der eigentlichen magischen Handlung mit dem Ritualdolch oder Stab über dem Kopf des Praktizierenden und dem Ort des Zauberwirkens in einer ausladenden Kreisform gezogen. Innerhalb dieses Kreises ist die Hexe oder der Magier vor störenden oder negativen Einflüssen von außen geschützt. Ebenso wird die magische Energie um ein Vielfaches konzentriert, gebündelt und potenziert. Nach dem Ritual werden die Energien entlassen und der Schutzkreis wieder aufgelöst.

Schutzzauber

Diese Art des Zauberwirkens findet hauptsächliche Anwendung zum Schutz von Personen, Gegenständen, des Wohnbereichs oder von Tieren. Weise Frauen und Magier beherrschen von jeher die Kunst der Schutzmagie. So wurden meist z. B. Amulette, Wurzeln, Steine, Schutzbeutel oder Hölzer als Talisman gegen sämtliches Unglück eingesetzt.

Schwarze Magie

Diese Art der magischen Praktik beabsichtigt Schaden und Nachteile für andere. So wird diese Kunst auch für Trennungsrituale oder Verfluchungen angewendet.

Schwarzkunst

Überbegriff der katholischen Kirche für sämtliche Wissenschaften wie z. B. Magie, Kräuterkunde, Astrologie, Hermetik, Alchemie und alle so genannten verbotenen Künste und Geheimwissenschaften. Eine Zeit lang gehörte sogar das Druckerhandwerk dazu.

Siebenknopfkerze

Ritualkerze, die entweder für einen einzigen Wunsch, erreichbar in sieben aufeinander folgenden Schritten, oder für sieben verschiedene Wünsche angewendet werden kann. Wie bei den anderen Ritualkerzen ist auch hier die Farbentsprechung zu beachten. Für jeden Wunsch wird ein Knopf abgebrannt.

Sigill

Hochwirksames Zeichen und Symbol mit starker magischer Energie. Es wird mit magischer Tinte auf Pergamentpapier oder Ziegenhaut geschrieben. Das Sigill kann in einem Zauberbeutel bei sich getragen werden, oder es wird an bestimmten Plätzen im Wohn- oder Wirkungsbereich angebracht.

Spiegelmagie

Wie bei der Arbeit mit der Kristallkugel wird auch in der Spiegelmagie der Blick in andere Welten und in die persönliche Zukunft geworfen. Jedoch sind Ausdauer und Übung sowie das Beherrschen des peripheren Blicks nötig.

Sympathische Magie

Damit bezeichnet man in der Hexenkunst die Arbeit mit den vier Elementen Luft (Räucherung) – Feuer (Kerze) – Wasser (Ritualöle) – Erde (Wurzeln, Steine).

Talisman

So wird ein Glücksbringer bezeichnet, der z. B. ein Amulett, ein Stein, eine Wurzel oder ein Zauberbeutel ist. Es kann aber auch ein ganz normaler Alltagsgegenstand zu einem Talisman werden, wie z. B. eine Münze. Ein Talisman soll Glück und Schutz anziehen.

Tarot

Kartenorakel, das eine innerpersönliche Entwicklung anzeigt. Durch die Bildersprache der Karten können aktuelle Situationen, deren Einflüsse sowie die weitere Tendenz deutlich dargestellt werden. Dieses Orakel gibt auch Auskunft über den aktuellen spirituellen Stand des Fragenden. In schwierigen Lebenssituationen kann das Tarot oft einen entscheidenden Hinweis zur Lösung eines Problems geben.

Visualisieren

Die Kunst, sich bestimmte Dinge oder Szenarien möglichst bildlich und plastisch vor dem geistigen Auge vorzustellen. Das erwünschte Ritualziel wird genauestens visualisiert, womit es ein magisches Fundament erhält. Diese Technik trägt letztlich zur realen Manifestation des Wunschziels wesentlich bei.

Weihrauch

Überbegriff für sämtliche Harze. Im herkömmlichen Sinn wird jedoch darunter der normale indische Weihrauch verstanden. Dieser Naturweihrauch duftet herb frisch und ist den meisten Menschen aus dem christlichen Gottesdienst bekannt. Er besitzt eine reinigende und klärende Wirkung und ist ein Grundbestandteil bei Reinigungs- oder Weiheräucherungen.

Weiße Magie

Grundsätzlich ist Magie wertfrei, da immer der Mensch, der hinter der Handlung steht, die Ausrichtung bestimmt. Im Allgemeinen wird aber zwischen zwei Hauptrichtungen unterschieden: weiße Magie, auch als rechtshändiger Weg, und schwarze Magie, auch Pfad zur linken Hand. Weiße Magie ist auf das eigene Wohl und das anderer ausgerichtet. Sie dient zum Schutz vor negativen Einflüssen, zur Harmonisierung oder zur Heilung von Kranken und der Erde und befindet sich im Einklang mit den kosmischen Gesetzen.

Wicca

Grundströmung im modernen Hexenkult, die von zwei Männern gegründet wurde. Der Begriff stammt aus dem Englischen und kann mit »wittern, wissen, ahnen« übersetzt werden. Viele der heutigen Hexen haben diesen Weg gewählt. Im Wicca-Kult herrschen meist eine hierarchische Gruppenordnung und ein festgelegter Ritualablauf in gemischten Gruppen, die von einem Hohepriester und einer Hohepriesterin geführt werden.

Wunschbohne

Auch als Tonkabohne bekannt. Schwarzer Samen, der aromatisch nach Vanille duftet. Jede Bohne erfüllt einen Herzenswunsch. Wird sie in der Erde vergraben, bewirkt sie Vermehrung, z. B. von Liebe, Glück, Gesundheit. In fließendes Wasser geworfen, bewirkt sie Auflösung, z. B. von Krankheit, Sorgen, Kummer. Man kann sie auch bei sich im Portemonnaie tragen, dann bleibt dieses stets gefüllt.

Wurzel

Symbolisiert das Element Erde und wird in der magischen Praxis von jeher als Talisman und Glücksbringer genutzt. Sie gibt den fühlbaren notwendigen Impuls, an den ersehnten Zielen festzuhalten, da man sie als manifestierte Wunscherfüllung stets bei sich trägt.

Yin und Yang

Traditionelles chinesisches Symbol für die Vereinigung der Gegensätze gut/böse, männlich/weiblich, schwarz/weiß – das eine bedingt stets das andere, so wie es kein Hell ohne ein Dunkel gibt und keinen Tag ohne Nacht. Erst durch Leid und Kummer können Freude und Glück richtig verstanden und gespürt werden.

Zauberer

So bezeichnet man Männer, die der dunklen Künste mächtig waren und sind. Diese beschäftigten sich, ähnlich wie Hexen, mit okkulten Themen wie Alchemie, Kräutern, Astrologie und Heilkunde.

Zauberstab

Symbolisiert in der Magie den unbeugsamen Willen, das Element Feuer und die Himmelsrichtung Süden. Er kann auch zum Ziehen des Schutzkreises, zum Aufladen eines Gegenstandes oder Wunsches mit magischer Energie oder zum Zeigen auf ein bestimmtes Ziel verwendet werden.

Zeitqualität

Wesentliche Grundvoraussetzung für das Gelingen eines Zaubers. Daher ist immer der Beginn einer magischen Handlung wichtig, damit sie »unter einem guten Stern« steht. Ist der Zeitpunkt falsch gewählt, kann die Wunscherfüllung erschwert oder behindert werden. Im schlimmsten Fall kann sich die magische Wirkung umkehren. Der Rat eines Astrologen kann bei den unterschiedlichsten Fragen oder Problemen hilfreich sein, um den richtigen Zeitpunkt für ein Ritual zu finden. So wird ein optimales Ergebnis mit hoher Wahrscheinlichkeit erzielt.

Anhang

Literaturhinweise

Banzhaf, Hajo:
Der Mensch in seinen Elementen. Feuer, Wasser, Luft und Erde. Eine ganzheitliche Charakterkunde
Heinrich Hugendubel Verlag, München 1993
ISBN: 3880346518
Dieses Buch vermittelt sehr anschaulich, wie sich die vier Elemente in Charaktereigenschaften des Menschen widerspiegeln.

Bardon, Franz:
Der Weg zum wahren Adepten
Rüggeberg Verlag, Wuppertal 2002
ISBN: 3921338301
Ein sehr empfehlenswertes Lehrbuch der Magie mit Theorie und Praxisteil, das die Schulung der drei Ebenen von Körper, Geist und Seele vermittelt.

Bauer, Wolfgang/Dümotz, Irmtraud/Golowin, Sergius:
Lexikon der Symbole. Mythen, Symbole und Zeichen in Kultur, Religion, Kunst und Alltag
Heyne Verlag, München 2001
ISBN: 3453181042
Symbole aus sämtlichen Kulturkreisen mit ausführlicher Erklärung; auch geheimnisvolle und symbolhafte Persönlichkeiten werden in diesem Buch porträtiert.

Budapest, Zsuzsanna:
Herrin der Dunkelheit – Königin des Lichts. Das praktische Anleitungsbuch für die neuen Hexen
Schirner Verlag, Darmstadt 2006
ISBN: 3897675005
Ein Buch, das mich auf meinen Weg bestärkt, inspiriert und sehr geprägt hat.

Francia, Luisa:
Drei Wünsche. Von der Vision zur Magie als Handwerk
Frauenoffensive Verlag, München 1999.
ISBN: 3881043179
Eine Magierin und Hexe, die mich mit ihren Büchern schon seit Jahren inspiriert und völlig neue Perspektiven des magischen Bewusstseins eröffnet.

Göttner-Abendroth, Heide:
Die Göttin und ihr Heros
Frauenoffensive Verlag, München 1997
ISBN: 3881042342
Sehr empfehlenswert für Frauen, die sich speziell für das Thema Matriarchat interessieren.

Husain, Shahrukh:
Glaube & Rituale. Die Göttin. Das Matriarchat – Mythen und Archetypen – Schöpfung, Fruchtbarkeit und Überfluss
Taschen Verlag, Köln 2006
ISBN: 3822854417
Sehr informatives Buch über den Göttinnenkult in den verschiedensten Kulturen.

Kujath, Frank:
Erste Hilfe bei magischen Unfällen
Kersken-Canbaz-Verlag, Holdenstedt 1989
ISBN: 3894230827
Ein Buch gespickt mit Wissenswertem für Anfänger, aber auch schon magisch Versierte.

Miers, Horst E.:
Lexikon des Geheimwissens
Wilhelm Goldmann Verlag, München 1987
ISBN: 3442117089
Standardnachschlagewerk mit zahlreichen Begriffserklärungen, Symbolen und Deutungen. Ein Muss im Bücherregal eines magisch Orientierten!

Nettesheim, Agrippa (Heinrich Cornelius) von:
De Occulta Philosophia
Reichl O. Vlg D. Leuchte 1967
ISBN: 3876670217
Agrippa von Nettesheim (1486–1535) war ein Zeitgenosse von Paracelsus. In diesem okkulten Klassiker finden sich allerlei magische Phänomene ausführlich beschrieben – vom bösen Blick bis zu Seelenreisen.

Widar, Frater:
So lernen Sie hexen
Hartmann Esoterischer Verlag, Bürstadt 1998
ISBN: 3980270440
Das Standardwerk für Hexen schlechthin!

Nützliche Internetlinks

www.matriarchat-net; www.runenkunde.de; www.wissen.de; www.brauchtumseiten.de; www.dasschwarzenetz.de; www.ratatoesk.de

Bezugsquelle

Maggie's Hexentruhe
Wassergasse 10/13, A – 1030 Wien
Tel. & Fax: 0043/1/9410988
www.hexentruhe.at (mit Online-Shop)
E-Mail: info@hexentruhe.at
Achtung, kein Straßengeschäft; Besuche daher bitte nur nach vorheriger telefonischer Terminvereinbarung!
Sie können Maggie persönlich treffen: entweder in ihrem Hexenatelier in Wien oder in Wien und München auf den großen Esoterikmessen sowie auf Mittelaltermärkten in Deutschland (Burghausen und Tittmonning) und Österreich (Oberkapfenberg und Eggenburg). Maggie bietet an: mediales Kartenlegen und astrologische Lebensberatung, Seminare und Workshops zu Hexentum, Tarotkartenlegen, Astrologie für Anfänger, Rituale und Räucherungen.
Sämtliche in diesem Buch, speziell in den Ritualen angeführten magischen Öle, Wurzeln, Kerzen, Räuchermischungen etc. können Sie über »Maggie's Hexentruhe« beziehen. Aber auch in anderen gut sortieren Hexenläden können Sie Ihr erforderliches Ritualzubehör erwerben.

Register

Altargestaltung 8, 29, 35, 36f., 39, 72ff., 79ff.
Amulette 22, 35, 37, 41, 44ff., 63, 89
Apfelübung 59
Atemtechnik 55ff.

Bann- und Schadenzauber 8, 18, 28, 33, 47, 51, 53, 60, 101ff.
– Bannritual – einen Fluch brechen 102f.
– Bannzauber 104
– Jemanden zum Umzug bewegen 104
– Kummer und Sorgen von der Familie nehmen 107
– Negative Energien bannen 106f.
– Ritual bei Nachbarschaftsstreit 108
– Ritual zum Ablegen einer schlechten Angewohnheit 108f.
– Schadenzauber mit schwarzer Schädelkerze 101f.
– Trennungsritual 104
– Trennungszauber 105
– Wendezauber 105f.
– Zauber gegen Mobbing und üble Nachrede 109
Barriere, magische 65
Baummeditation (Übung) 57f.
Beltane 74
Bernauer, Agnes 15
Blavatsky, Helena 14
Blockaden 9, 55
Blutrituale 19, 120
Buch der Schatten 40, 73, 75ff.

Dankesritual an die Göttlichkeit 95f.
Dankesrituale 47, 94ff.
Drachenbluttinte 40, 44, 79ff.
Duftlampe 35, 79ff.

Elemente, vier 8, 15, 40ff.
Entscheidungsrituale siehe Reinigungs-, Entscheidungs- und Klarheitsrituale
Erde 15, 22, 33, 39, 40f., 45, 46, 60, 62, 64, 67
Erdungstechniken 24, 30, 65
Erfolgsrituale 8, 28, 34

Fähigkeiten, magische 7, 22ff., 119
Farbwahl 43f., 60, 72ff.
Feuer 15, 22, 33, 38f., 40, 43f., 60, 62, 64, 67, 74
Fledermausbluttinte 40, 44, 96
Fortune, Dion 14

Gefahren bei der magischen Arbeit 24f., 120
Geld- und Erfolgsrituale 37, 42, 43, 49, 60, 110ff.
– Erfolgsritual mit einer Hexenflasche 110f.
– Erfolgszauber 111f.
– Geldritual 112f.
– Geldzauber mit Runenkraft 115f.
– Geld-zurück-Ritual 114
– Glücksritual 114
– Kerzenzauber für Erfolg bei Prüfungen 113f.
– Kleine Hexereien zum Ankurbeln des Geschäfts 116
– Ritual, um einen Job zu bekommen 113
– Treppensteigen – ein Ziel erreichen 116
Gesicht, zweites 12, 22
Göttin, dreifache (Jungfrau – Mutter – Alte) 11, 73
Göttin, große 7, 9, 12
»Große Mutter« 11, 45, 63
Gummiwand (Schutztechnik) 66

Hauptfeste, acht 8, 71f.
Heilrituale 8, 28, 34, 37, 42, 51, 60, 97ff.
Heilzauber 98
– Zauber gegen Warzen 97f.
– Zauber zur Befreiung von Krankheiten 98f.
Hekate 11, 77, 102
Hexe
– böse 18f.
– Grundausstattung 33ff.
– gute 18f.
Hexenfeste, traditionelle 71ff.
Hexenkult 17, 23
Hexentagebuch siehe Buch der Schatten
Hexentum 11f., 15, 17, 18, 24
Hexenverfolgung 12f.
Hexenweg 7ff.
Hexenwesen 8, 17ff., 23
Hexenwissen 17ff.
Hildegard von Bingen 13
Holl, Maria 14

Imbolc 72f.

Jahreskreisfeste 72ff.
Jeanne d'Arc 13
Johanna, Päpstin 14
Julfest 77

Kerzen 22, 29f., 33, 37, 40, 43f., 60, 63f., 66, 72ff., 79ff., 124
Klarheitsrituale siehe Reinigungs-, Entscheidungs- und Klarheitsrituale
Kleidung 29, 33, 42, 60f., 63
Kleiner Wunschzauber 96
Kramer, Heinrich 12
Kräuter, magische 7, 37, 40, 41ff., 44, 63, 79ff.
Kreis, magischer siehe Schutzkreis
Kristallkugel 37, 40, 63

Lammas 75
Lichtdusche (Schutztechnik) 66
Lichthülle (Schutztechnik) 66
Lichtmeditation (Übung) 58
Liebesrituale 8, 23, 27, 34, 37, 42, 43, 51, 60, 75, 79ff., 123, 125
– Festigung einer Liebe 80
– Heiratskerzenritual 82
– Kerzenritual für die Liebe 80f.
– Kleine Zaubereien gegen Liebeskummer 89
– Liebesritual mit roter Katzenkerze 83
– Liebesritual mit Siebenknopfkerze 83f.
– Liebeszauber mit zwei Puppen 87f.
– Partnerrückführung 85f.
– Puppenzauber für die Liebe 81f.
– Schutz für die Beziehung oder Ehe 82f.
– Steigerung des Charismas 79f.
– Versöhnungszauber 88
– Vollmond-Liebeszauber 86f.

– Wurzelliebeszauber 88
– Zur Einstimmung auf eine magische Liebesnacht 85
Litha 74f.
Lorbeerwunschzauber 96
Loslassritual 38, 47
Luft 15, 22, 33, 38, 40ff., 60, 62f., 67

Mabon 75f.
Madame Lenormand 14
Magie
– äußere 22
– Definition 21
– innere 21f.
– Kraft der 8f., 21ff.
– Methode 21
– Praxis 33ff.
– schwarze 19, 23, 51, 101
– Theorie 21
– Ursprünge 21
– weiße 23
Magistelli verschicken (Übung) 60
Meditation 8, 27, 33, 42 56ff.
Mond 11, 31, 46ff., 121
Mondatmung (Übung) 29, 57
Mondphasen 12, 15, 47, 79ff.
Murray, Margret Alice 15
Mysterien, weibliche 8, 12, 17

Neuanfangsrituale 37, 49

Öle, magische 8, 22, 29f., 34f., 37, 39, 41, 44f., 63, 66, 69, 72ff., 79ff., 122
Opfergaben 21, 39, 43, 69, 73, 79ff.
Ostara 73f.

Patriarchat 12f., 17, 18, 19
Pentagramm 29, 35, 39, 62f., 65, 66f., 89, 102
Pentakel 35, 39, 63
Pergamentpapier 35, 40, 44, 79ff., 124
Persönlichkeitsstärkung 96

Rassel 40, 79ff.
Räucherkessel 37, 40, 79ff.
Räucherungen 8, 22, 29, 33ff., 37, 39, 40, 41ff., 63, 66, 69, 71, 72ff., 79ff.
Reinigungs-, Entscheidungs- und Klarheitsrituale 29, 33, 38, 42, 73, 89ff., 122f.
– Die richtige Entscheidung treffen 91f.
– Reinigungsritual für den Wohnbereich 91
– Reinigungsritual für draußen 90f.
– Ritual für Neuorientierung 93f.
– Welche/r ist der/die Richtige? 92f.
– Wurzelzauber für mehr Klarheit 93
– Zauber für Klarheit und Durchblick 92
Rituale 8
– Ablauf 28f.
– Entwicklung 7
– Erfolg 31, 33, 119ff.
– grundlegende 55ff.
– magische 27ff.
– spezielle 8, 79ff.
– unterbrechen 122
– verschiedene 94ff.
– Wirkung 31
Ritualbad 29, 73, 79ff.
Ritualdolch 29f., 35, 37, 38, 60, 62f.
Ritualgegenstände 7, 37, 38ff., 63f.
Ritualkelch 35, 37, 39, 63
Ritualplatz 28f., 36, 42, 63
Ritualstab 35, 37, 38f., 60, 62f.
Ritus 18, 23f., 27, 31, 36, 41, 121
Rückpralleffekt 23, 125

Salz 29, 40, 60, 63, 65, 77, 79ff., 102
Samhain 76f.
Satanismus 19, 67
Schadenzauber siehe Bann- und Schadenzauber
Schlaf-gut-Zauber 66
Schutzkreis 29f., 33, 36, 37, 38, 42, 61, 63f., 94, 99
Schutzmaßnahmen 8, 24, 33, 42, 64ff., 101
Schutzrituale 8, 28, 47, 53, 60, 99ff.
– Erste-Hilfe-Ritual bei Panikattacken 100
– Magischer Hausschutz 65, 100
– Mit dem persönlichen Schutzgeist in Kontakt treten 99
– Schutz vor bösen Geistern 101
– Schutzengelritual 100f.
– Schutzzauber auf Reisen 99
Schutzschild, magischer 65
Sex 30f., 65
Steine 35, 37, 38, 40, 41, 44f., 60, 75, 79ff., 124
Sternzeichen (Tierkreiszeichen) 46ff., 119
Stoffpuppen 79ff.

Talisman siehe Amulette, Wurzeln, Steine
Taubenblutinte 35, 40, 44, 79ff.
Trance, magische 30, 40, 41f., 59
Trennungsritual 27, 33, 47, 51, 53

Verankern des Zaubers 30
Vernebelungstaktik (Schutztechnik) 66
Verstärkung der magischen Kräfte 97
Verwünschungen 22, 25, 47, 51, 101ff.
Visualisierung 8, 29, 33, 42, 53, 58ff., 68
Visualisierungsübung mit Partner 58f.
Vollmondritual zu Ehren der Göttlichkeit 94f.

Wächter der Elemente, Anrufung 29, 62, 63, 64, 94
Walpurga, hl. 13, 74
Walpurgisnacht 13, 71, 74
Wasser 15, 22, 33, 39, 40f., 44f., 60, 62, 64, 67
Weiheritual 63f.
Wicca-Kult 15, 18
Wunscherfüllungsritual 47, 49, 50, 53
Wunschformulierung 8, 33, 67ff.
Wunschziel 21f., 27, 28, 30f., 34, 41, 42, 43, 45, 120, 122, 124
Wurzeln 22, 35, 37, 40, 41, 44, 45, 66, 75, 79ff., 124

Zauber binden 68
Zauber für hellsichtige Träume 97
Zauberspruch 22, 67f.
Zeitpunkt, astromagischer 8, 33, 46f., 121, 122, 124
Zukunftsschau 7, 72, 75

Über dieses Buch/Impressum

Über die Autorin

Maggie (Margit Böhmer) zeigte schon als Kind besondere magische Fähigkeiten, die sie im Lauf der Jahre entwickelte und später systematisch vertiefte. Nach mehreren Stationen in »bürgerlichen« Berufen erweiterte sie auf ausgedehnten Reisen ihr magisches Wissen und machte es schließlich zur Profession – als hauptamtlich tätige Hexe.
Maggie betreibt in Wien ein eigenes Studio – die »Hexentruhe« – und veranstaltet sehr erfolgreich Seminare und Kurse zur Ausbildung des Hexennachwuchses.

Wichtiger Hinweis

Das vorliegende Buch ist sorgfältig erarbeitet worden. Dennoch erfolgen alle Angaben ohne Gewähr. Weder die Autorin noch der Verlag können für eventuelle Schäden, die aus den im Buch gegebenen Hinweisen resultieren, eine Haftung übernehmen.

Impressum

Originalausgabe

Der Wilhelm Heyne Verlag ist ein Verlag der Verlagsgruppe Random House GmbH
www.heyne.de

Redaktion
Text & Form – Nicola von Otto, München
Illustrationen
Alle Illustrationen stammen von
Nicole Braunschweig, Rottach-Egern
Korrektorat
Dr. Ulrike Kretschmer, München
Layout, Grafik, DTP
v|Büro – Jan-Dirk Hansen, München
Coverdesign
Lore Wildpanner, München
Druck und Verarbeitung
OAN, Zwenkau

Printed in Germany

Gedruckt auf chlor- und säurearmem Papier

ISBN-10: 3-453-12086-8
ISBN-13: 978-3-453-12086-0

Christopher A. Weidner
Chinesische Astrologie
Das Praxisbuch
HEYNE LUDWIG